コンステレーションが教えてくれること

Constellations Talk to You

小林真美 Kobayashi Mami

コスモス・ライブラリー

アジアツアーについて話し合っていた頃のホーネンとヘリンガー。
本文第４章⑶「ホーネンと始めたトレーニング」の項（p151）参照
(2002年５月撮影)

目次

まえがき

私がファミリー・コンステレーション（以下、コンステレーションに統一）を知ってから二十年目になります。この年月を経て、私が経験を通してつかんできたものを改めて整理してみたいと思います。

コンステレーションの師であるバート・ヘリンガー（Bert Hellinger）を紹介する言葉は、これまでいくつかの書籍『ファミリー・コンステレーション──隠された愛の調和（*Love's Hidden Symmetry*）／コスモス・ライブラリー、二〇一五年』、『愛の法則（*Love's Own Truths*）／OEJ Books、二〇〇七年』、『いのちの営み、ありのままに認めて（*Acknowledging What Is*）／東京創作出版叢書、二〇一六年』他で、すでに語られてきていますが、日本にこの心理療法を紹介するために、それこそ命をかけて尽力してくれた人が他にもいたことは知られていません。

ここで隠れた功労者である、日本でコンステレーションのトレーニングの最初の講師となったハラルド・ホーネン（Harald Hohnen）の業績の一端を知っていただけたら嬉しく思います。

本書は、ホーネンが指導してくれた第一期トレーニングの初回の三日間（二〇〇四年三月二十六日～二十八日）の記録を骨子としています。ただし、時代の変化に沿った必要を満たすために、その当時の教えをそのまま完全に再現したわけではありません。彼の指導内容の中心的部分、それにその後実践を重ねていく過程で、日本の土壌に根づき深まった私の理解と解釈、翻訳、編集を加えたものです。私自身のコンステレーションについての理解は、ドイツを中心に、アメリカやヨーロッパで出会った、そして日本にきてくれた諸先生、先輩たちから、またクライアントや生徒との実践を通して学んだことの集合です。ワークショップやトレーニングの場では、目の前で繰り広げられる様々な現象について説明をするときに、極力その情報や知識の典拠がどこからのもので、誰によるものかを明らかにするように努めていますが、いざそれらを文字に書き起こすとなると、理論的なことのほとんどは、今では誰から何を学んだかを区分けして特定するのはもはや困難だと気づきます。コンステレーションという自己と向き合う道の途上で出会った、ヘリンガー、ホーネンをはじめとするこれらすべての方々が、本書で綴られた言葉の中に住んでいます。

ホーネンが教えてくれた内容自体は、カウンセラーやファシリテーター（促進者）を目指す人を対象にしたものでしたが、その内容は基礎中の基礎であることから、ファシリテーターを目指す人にとっても、そうでない人にとっても役に立つものです。その内容はシステム論を土台とする家族療法コンステレーションの導入の部分であり、トレーニングの内容として見るなら、ほんのさわりの一部分としてご紹介するものにすぎません。しかし、これによって、日本でのコンステレーションのトレーニングが、その後どのように方向づけられていったかをご理解いただけることと思います。

現在、コンステレーションの手法は、家族の範囲のみならず、ビジネスや組織運営にも活用されています。また、私たち個人を構成している要素は家族だけとは限らず、生まれ育った地域や共同体、国や宗教も含んでいることがこれまでの研究と蓄積してきた結果から明白になっています。ファミリー・コンステレーションというこの特定の心理療法を指す呼称は、それが見せてくれる世界の広大さと比べるとやや制限されているように感じます。より広範囲の事象や要素を包含する名称としては、システミック・コンステレーションという呼び方が全体や構造、背景をあらわにしてくれる実像により近いように思います。私の開催するワークショップやトレーニングではシステミック・コンステレーションという呼び方を主に使っていますが、本書では、コンステレーションという名称で統一します。

私たちは言葉によって道を切り開きもし、言葉によって自分を縛りもします。しかし、日常なにげなく使っている言葉が誰かの代わりに発しているものであり、その言葉によって縛られていることを、自分の目で見て、聞いてしまうならきっと驚くことでしょう。また、私たちは自分の思いを自身の言葉で正確に伝えているでしょうか。そして、その言葉の意味を本当にわかった上で使っているのでしょうか。本書がそれらの可能性について客観的に眺めてみる助けとなれば幸いです。

読んでくださった方が、本書をきっかけに、これまで自分を縛っていたものとは何かについて少しばかり見え方が変わったり、あるいは、以前よりも少しだけ人生を歩むことに希望が湧いたりするようなことがあるとしたら、それは私にとって、大変光栄なことであり、望外の喜びです。

ハラルド・ホーネン（心理学者）Harald Hohnen, Dipl.Psych

二〇〇一年～二〇〇五年の五年間に、ファミリー・コンステレーションのワークショップと第一期トレーニング開講と講師を務めるために九回の来日。一九五一年ベルリン生まれ。バート・ヘリンガーのファミリー・コンステレーションが構築されつつあった初期の時代に立ち会い、その理論、手法が世界に知られていく過程でヘリンガーと共に十年近く世界中を旅し、ヘリンガーの仕事の記録を撮り、そのビデオ、DVDを出版。ホーネン自身もこのセラピーの基礎から応用までを教えるワークショップとトレーニングのためにヨーロッパ、北米、中南米、イスラエル、アジアを巡り、日本ではヘリンガー・インスティテュート・ジャパン設立の立役者として力を注いだ。ファミリー・コンステレーションと出会うまでは子どものための、特に自閉症の子どものためのセラピストとして知られていた。二〇〇四年の時点で三十年近い経験を持つファミリー・セラピスト。

（2002年撮影）

二〇〇五年まで、ヘリンガー・インスティテュート・ベルリン代表、ヘリンガー・インスティテュート・USA共同主宰者。二〇〇五年の終わりに日本での第一期トレーニングの指導を終えると同時に重病を患い、現在はメキシコで静養中。二〇一六年にメキシコで復帰のワークショップを開催。ヘリンガー・インスティテュート・ジャパン第一期システミック・コンステレーション・トレーニングプログラムのメイントレーナー。

はじめに

バート・ヘリンガーによるファミリー・コンステレーションは、ヴァージニア・サティアの「家族療法／ファミリー・セラピー」から発展したものです。その後、ヘリンガーのファミリー・コンステレーションは家族だけに限定するものから、より広い範囲を包含するものとしてシステミック・コンステレーションとしても呼ばれるようになっていきます。

システミック／systemic という言葉を辞書で引いてみると「全身、全身的、全身性、全身系」といった意味があります。システムとは、複数の要素が有機的に関係しあい、全体としてまとまって機能している要素の集合体です。

かつての私は、頭が痛いときには頭に問題があるのだと思っていました。腰を痛めたときにも腰が悪いのだと思っていたのです。二十四歳のときに身体運動を使う瞑想をしていた最中に腰を痛めました。いわゆるぎっくり腰です。それで、形成外科、カイロプラクティック、鍼灸、骨接ぎなど、治療施設をいくつも訪ね歩きましたが、自分に合った治療法と巡り会えずひどく悪化させてしまいました。その後、野口整体、気功、エネルギーヒーリング等と、様々な療法の中でありとあらゆることを試し続け、完治するまでに数年を要しました。何をするにしてもいつも腰をかばいながらだったため、それはなかなか大変な時期でしたが、何種類もの方法を試みた経験から、頭痛も腰痛も精神状態までをも含む全身の問題であることを学びました。

身体的な痛みと同様に、心の痛みも自分個人の問題なのだとずっと思っていました。自分が苦しいのは、自分が悪いせいで、自分に問題があり、自分の欠けている部分を見つけ出して、それを補わない限りこの苦しさが無くなることはない。そして、自分がこんなふうになってしまったのは親の育て方が悪かったせいだ、親が私を不完全にしたのだと信じていました。しかし、そのように親のせいだと責めたとしても苦しさがなくなるわけではありませんでした。自分にできたのは、親への怒りを溜めたまま、自己嫌悪とほどほどに折り合いをつけて、妥協しながら、日々をやり過ごしていく為の細かな技《わざ》をたくさん身につけていくことだけでした。

ファミリー・コンステレーションと出会うまでの話です。精神的な問題も、身体的な問題と同様に、もっと大きな全体と関係しているのだと理解するまでに、ぎっくり腰に見舞われて以来、数十年の長い年月が経過していました。

頭痛はときに、骨盤の捻れから起きることもあれば、何かの栄養素が足りていないために起きることがあります。腰痛が、寝相が良すぎて寝返りの回数が少ないことと関係していることがあり、おごり高ぶった態度を取っているその人の生きる姿勢に関連している場合もあります。そんなふうに、個人的だと思っていた気の滅入りや、感情のコントロールが難しかったり、人間関係がことごとくうまくいかなかったりする心の問題も、家族と関係しているかもしれない、しかも、自分が生まれる前にすでに亡くなっていた、会ったこともない祖父や祖母の運命と関係しているかもしれない、などとは想像もしたことがありませんでした。しかしコンステレーションと出会い、その可能性を知ったときに、それはストンと腑に落ちたのです。

家族とは、バラバラの人間がたまたま一緒に暮らしている集合体にしかすぎないと、かつては漠然とそう思っていました。しかし、そこから、家族とは実は太古から繋がっている一つの広大な有機的生命体であるという視点を得たことは、私にとっては発想の大転換でした。その新たな視点はそこから確信となり、自分の内側の柱となり、核となり、中心軸となっていきました。以後、コンステレーションの現場に何度も足を運び、見れば見るほど、感じれば感じるほど、それまで解けなかった謎が次から次へとほどけていったのです。目から鱗が落ちるような感覚、直球ど真ん中のストライクボールを芯で捕えるかのような痛快で、見るもの、体験するものすべてが腑に落ちていく感覚の連続に、私は全身でファミリー・コンステレーションに魅了されていきました。

偶然の産物のような縁と巡り合わせの連鎖によって、私はバート・ヘリンガーの日本で最初のワークショップの主催者兼通訳という任務を授かることになり、二回目のワークショップの主催と通訳、三回目のワークショップの主催者を務める役目も与えられました。そこから、氏の名前を事業名として使用するようにヘリンガーご自身が提案してくれて、その許可を直々に頂戴することになります。ヘリンガーがそのことを紙に書き記しサインをして、手渡してくれたその瞬間、私の人生は私の意志とは無関係に自ら行路を決めたのです。しかし、その時点の私は、まだ自分が受け取ったものの重さをよくわかっていませんでした。

コンステレーションのトレーニングの過程で教える主題の一つに、「等身大の自分を生きる」ということがあります。

「等身大の自分を生きる」とは自分を過大視もせず、過小評価もせず、思い上がりもせず、卑屈にもならず、言わば自然な、普通の状態です。日々を自然体で生きるためのバランスを取る基準に、自分の心と身体が受け取る感覚を頼りにします。どのような精神の状態にあるときに私たちは心地よく感じ、どのような行動を取るときに後ろめたく感じるのか、その感覚が鋭敏に保たれているとき、私たちは適切な量を与え、適切な量を受け取る調和の中にあります。そのとき、私たちは自分を静かに見守ってくれている存在から最も多くの支援を感じ取り、無理なくそれを自分の力に変えて人生に活かすことができるのです。

ヘリンガーとの出会い、そしてコンステレーションを知ったおかげで、私は等身大の自分として生きることは可能なのだという感覚をつかみました。自分の内側に「信頼」という安定した力が湧き上がるのを感じ始めました。新たな旅の始まりでした。

※※※

本書はそもそも、コンステレーションとは何かをわかりやすく説明するための入門書となるはずでした。書き進めていく過程で、この部分は削る方がかえって分かりやすいかもしれない、ここはもう少し詳しく説明をしないと誤解されかねない、そちらの箇所には別な角度からの例も必要なのではないか、この例だけでは不明瞭な映像しか想像できないでしょうと、書き足したり削ったりしているうちに大変な分量になってしまいました。

第1章では、実際のコンステレーションの現場ではどのようなやりとりがなされるかについて、事例を用いて説明します。

第2章は、コンステレーションの目的と手順、クライアント、代理人、ファシリテーターがどのような役割を担うかを解説しています。

第3章では、コンステレーションを通して問題の解決を模索する際の鍵となる言葉、要素、概念をまとめています。

第4章は、コンステレーションがどのような経過をたどって誕生し、現在まで受け継がれてきているか、その歴史をご紹介します。

第5章は、コンステレーションというシステム論[1]的手法から、どのように「ムーブメント・オブ・ザ・ソウル」という現象学[2]的手法が生まれたかについて語ります。

第6章には、ワークショップやトレーニング参加者からの質問とその回答を集めました。

第7章は、日本でコンステレーションのトレーニングを開始するまでの経緯と、それぞれのその後について書き記しました。

本書を手にとってくださる方々にとって、分かりやすい内容となっていることを願っています。

［脚注］

（1）システム論：部分や要素に還元されず、逆にそれらを決定する全体性を対象とする分析、研究の方法論。代表的な例としては、アメリカの数学者ウィーナーに寄って創始された、生物および機械における制御、通信、情報処理などについて、両者を区別せず統一的に扱う学問であるサイバネティクスや、構造主義があげられます。

（2）現象学：現象界や現象する知についての哲学的理説。現象そのものの本質に至るために、自然的態度では無反省に確信されている内界・外界の実在性を括弧に入れ、そこに残る純粋意識を志向性においてとらえた、意識に直接的に与えられる現象を記述・分析するフッサール（オーストリア出身のユダヤ系ドイツ人）の哲学。

第1章　コンステレーションの実例

　家族システムの中では、そこに生きる人々にとってバランスを取るということが一つの重要な課題となります。子どもはときに、両親が過去にしたことや、祖父や祖母の身に起きたことに対して、自分には調和を取り戻すことができると考えます。自分が生まれる前に起きた出来事に対して、無意識の奥深くで罪悪感を感じていることもあります。

　人生を十全に生きるためには、自分には物事を選択できる自由があると感じる必要がありますが、親や祖父母のためにバランスをとっている子どもはそう感じることができません。自分の自由を犠牲にすることで、何かのバランスを取ろうとしているのです。

　このバランスを取ろうとする行為は、両親に対しての愛情、あるいは自分の所属するシステムに過去に存在した、苦しんだ誰かへの愛情のために行われることです。

　次のケースで、姉は愛情から重い役割を背負っていました。けれど、それはある意味で盲目的な愛情です。なぜなら、現実にはその方法ではバランスは取れていないからです。人生を自分のものとして受け取らないことでバランスが取れるだろう、と彼女は思っていましたが、現実には物事は悪化していました。盲目的な愛情を元にバランスを取ろうとする人たちは、人生を十全に生きることができません。彼女にできる最上のことは、過去に生きていた人々に対して敬意を表することです。このケースについて、実際のやりとりを再現してみます。

ホーネン：では、ここであなたが見ようとするものについて教えてください。

クライアント：姉は統合失調症で、現在は入院中です。発症したのは、三十二年前です。しばらく良くなっていたのですが、七年前からまた悪化しています。

ホーネン：お姉さんはこのワークショップに参加していないのですね。お姉さんの代わりに、あなたがその問題を見たいということですか。

クライアント：姉の容体を良くするために、何か私にできることはないでしょうか。

ホーネン：妹というのはいつも良い子です。父にも母にも年上の兄姉に対しても、何かをしてあげたいと思っています。この場でできることとは、お姉さんの状態を変えるためのものというよりも、家族の中に起きた病を、同じ家族の一員として向き合うという観点でのコンステレーションとなります。よろしいですか。

クライアント：はい。

ホーネン：あなたは、何番目の子どもですか。

クライアント：三人の中の二番目です。下に弟がいます。

ホーネン：弟さんには何か変わったことはありますか。

クライアント：いいえ、弟は大学入学と同時に家を出て、卒業後も実家には帰って来ず、そのまま就職しています。今は結婚して子どもが二人います。うまくいっていると思います。弟が一番順調です。

ホーネン：この場ではひとまず弟さんは入れずに、配置するところから始めることにします。

ホーネン：では、あなたの父親、母親、お姉さん、そしてあなた自身の合計四人の代理人を選んでください。

（クライアントが父親、母親、姉の代理人を選んでいく）

ホーネン：あと、あなた自身の代理人が必要です。では、確認します。父親、母親、第一子であるお姉さん、この方が心の病気ですね。そしてクライアントである彼女自身の代理人を選んでもらいました。それでは私が先ほどお見せしたような形で、配置してください。どの人から始めても結構です。軽く触れて、家族相互の関係性をありのままに見せるように立たせます。意図や目的を自分の中で定めないでやってください。

立たせ方で私に何かを見せようなどとは思わないでください。この一分間、お姉さんの手助けになりたいという気持ちだけで、それ以外の意図を持たずにただ配置してください。

クライアント：父はもう亡くなっているのですが。

ホーネン：構いません。しゃべらずにどんどんやってください。ただ配置してください。

（クライアントが代理人たちの配置を終える）

ホーネン：コンステレーションの場には、たとえば何世代も遡《さかのぼ》って、曽祖父の父親の高祖父が現れることもあります。亡くなっているかどうかは問題ではないのです。この位置でよろしいですか。

クライアント：はい。

ホーネン：ここで、ファシリテーターがどのようなことをするのかを説明しておきます。最初は診断の部分です。こちらに私と一緒に来てください。**（クライアントをよく見える位置に連れていく）**

こちらから見てみると、コンステレーションは二つに分かれています。一方は父親と姉、もう一方は、あなたと母親です。

こう見ると、姉は父親の家族に起きたことにより繋がりがあるように見えます。ただし、この段階では、これは一つの可能性としてだけ考えておいてください。

もう一つの可能性としては、あなたの姉は娘の位置ではなく配偶者の位置、父親にとっての妻である人のいるべき場所に立っています。その点から、あなたの姉は母親のために何かをしているのかもしれません。あるいは、母親は別のことに関与しているのかもしれません。母方家系に起きた何かの問題に関わっている可能性もあります。まずこの配置から、これらの情報が読み取れます。母親が父親の妻の場所に不在となっていることから、その代わりに姉がその位置を占めているとも読み取れます。この時点ではまだ父方家系に着目して取りかかったらいいのか、母方家系から着目すべきなのかはわかりません。それでは、どちらに注意を向けるべきかを、ここから読み解いて行きましょう。先ほど三十二年前に始まったと言いましたね。

クライアント：はい。

ホーネン：お姉さんは何歳の時でしたか。

クライアント：十五～六歳です。

ホーネン：十五～六歳。どのような病気でしたか。

クライアント：統合失調症です。

ホーネン：統合失調症に関して知っておくべきことの一つは、小さな子どもでも統合失調症になることがあるということです。九ヶ月から二歳半の間にその傾向が出始めて、自閉症として見なされる結果になることがあります。私は、自閉症を幼児期に発症する統合失調症だと見ています。その後、子どもが統合失調症にならずに、十代の年齢に達することがあります。しかし、思春期の後にまた統合失調症になることもあります。だからお姉さんが統合失調症を発症したのは、その年齢よりももっと前だった可能性もあります。ただ、十五～六歳の頃にその症状が明らかに出始めたのかもしれません。

父親側の家系から来る影響なのか、母親側からの影響なのかは今の時点ではまだわかりません。ご両親は別れて住んでいるのですか。

クライアント：いいえ、父が亡くなるまでずっと一緒に住んでいました。

ホーネン：内面的には、ご両親は別居していたような状態でしたか。

クライアント：そんなことはないと思います。私の目にはとても仲の良い夫婦でした。

ホーネン：興味深いのは、あなたの持っている印象です。あなたの脳内には、二人は仲が良かったという両親像があります。でも、このコンステレーションを見てみると、最も距離が遠いのは父親と母親の間です。どうでしょう。これだけ距離があって仲が良かったのでしょうか。

クライアント：う～ん。これを見てびっくりしています。ずっと仲がいいと思っていたので。

ホーネン：でも、あなたがここに立たせたのですよね。

（クライアントが笑い声をあげる）

ホーネン：お姉さんが誰かと恋愛し、お付き合いしたというような話を聞いたことはありますか？

クライアント：ええ、思春期の頃にはあったと思います。

ホーネン：思春期の頃？

クライアント：仮想の相手ですけれども、今も退院したらその人と結婚したいと言っています。
ホーネン：発症する前に、お姉さんは誰かと恋愛関係にありましたか。
クライアント：わかりません。
ホーネン：今度は、代理人にどう感じているのかを聞いてみます。母方家系を見ていくのか、父方なのか、この時点ではまだわかりません。父親は今どう感じていますか。
父：少し混乱しています。
ホーネン：良い意味でですか、悪い意味でですか。
父：良くないです。
ホーネン：母親はこの位置でどう感じていますか。
母：頭が締め付けられるようです。
ホーネン：良い感じですか、悪い感じですか。
母：ちょっとわかりません。
ホーネン：第一子はどうですか。
姉：良くないです。頭が痛いです。
ホーネン：本人の代理人はどうでしょう。
クライアントの代理人：悪いです。全身が身震いする感じです。
ホーネン：妹は姉に対して何かをしてあげようとしています。その理由の一つには、姉に対してわずかに罪悪感があるからです。この家族には何かが起きました。本人の代理人がこの位置に配置されていますが、そこでなかったとしたら、こちらの方に行ったことでしょう。

こちらの位置に立ってみるとどうですか。

クライアントの代理人：いいです。

ホーネン：姉が何かの役割を引き受けようとするのは、彼女が第一子だからです。この家族システムの中で何かを成そうとしています。第一子は最初に生まれたことから、当然親の問題を最初に感じ取ります。母方家系を見るべきか、父方家系を探るべきかについて、この時点でのファシリテーターはまだ情報を得ていません。この立ち位置を見ているだけでは、それはわからないだろうと考えます。父方と母方の両方の間にあるものなのかもしれません。

ちなみに第二子は、第一子だけでは担いきれなかったバランスを取るための補助的な役割をしがちです。

この家族では第三子の弟ですが、通常末っ子はもっとも自由です。第一子と第二子がある意味で盾になって、後に続く妹や弟をかばい、自由にさせようとする役目を果たします。そのことに末っ子が気づくことはあまりありませんが。

ではここで、本人に質問することにします。父方家系、または母方家系の中で何か突出した出来事があったと聞いたことはありますか。幼い頃に誰かが亡くなったというような事件はありませんでしたか。あるいは殺人などのような罪悪感に関係するといった事実はありますか。

クライアント：姉が発病する少し前に父が亡くなりました。

ホーネン：これも一つの情報ではあり、それも発症のきっかけかもしれませんが、父親の元の家族に起きたことで心当たりはありませんか。例えば、父親側の兄弟が幼いときに亡くなったとか、あなたにとっては祖父母に関することとか、先祖に関することかもしれません。

クライアント：父の家系で何があったのかはよくわからないです。

ホーネン：お父さんは兵士でしたか。

クライアント：父は兵隊だったことはあります。戦争に行っています。

ホーネン：彼はどういうことをしていましたか。

クライアント：海軍の通信兵をやっていました。

ホーネン：怪我をしましたか。

クライアント：怪我はしてないですけど、大波にあって何度も死にかけたことがあると言っていました。

ホーネン：仲間たちは、一緒に戦っていた人はたくさん亡くなりましたか。

クライアント：そうですね。

ホーネン：**（代理人に対して）**目は開けておいてください。目を閉じると気持ちが他のところに行ってしまいますから。

こちらの代理人には、自分の身に起きている動きを見せたいという気持ちがあるのでしょう。私としては皆さんに、このコンステレーションという作業がどう働くのかを見せたいわけです。そこで、代理人が内側に感じている動きを態度や仕草で見せてくれると、それらが何を伝えようとしているものかを説明する機会を得ます。今はそれを使います。ただし、代理人が勝手に動き始めるのは現象学的な方法というものので、現時点ではコンステレーションを学び始めたまだ最初の段階ですから、ここでは代理人の動きを制限します。まず皆さんに教えたいのは、コンステレーションをシステム論に則って行うやり方です。現象学的な方法との違いの説明（第5章を参照）に入る前に、まず原点を知らなくてはなりません。さて、父親の戦友は、一緒にいた仲間たちは亡くなったのですか。

クライアント：はい、嵐のときに波に飲まれて、父の目の前で流されて亡くなったそうです。

ホーネン：そこに座っている二人に頼みます。一緒にいたその仲間の兵隊たちの代理になってください。そこに横になってください。

（二名が横たわる） これによって何か変化は感じますか。

父：よくわかりません。

ホーネン：あなたには何か変化はありますか。長女には何かありますか。

姉：さっきより少し楽な感じがします。

ホーネン：あなたには。

クライアント：楽になりました。

ホーネン：このように、父親の戦友をコンステレーションの中に入れることによって、娘たちはさっきよりも安定したようです。

お父さんが亡くなったときは何歳でしたか。

クライアント：四六歳です。

ホーネン：お父さんはどういう原因で亡くなられたのですか。

クライアント：風邪をこじらせて、肺炎になりました。合併症もありました。

ホーネン：じゃあ、もう一つ試してみましょう。（父に向かって）彼らと並んで、横になってください。これで何か変わりましたか。

父：少し楽です。

ホーネン：面白いですね。死んだ仲間と近くになったら、さっきよりも楽になった。死んだ兵士たちが入ってきたら、この人たちも楽な気持ちです。父親が、この亡くなった戦友たちの仲間に加わったことで、こちらはどうなったでしょう。

姉：落ち着いた気がします。

クライアント：複雑。

ホーネン：それはどういう複雑さですか。

クライアント：身体は震える感じで、感覚が……。

ホーネン：今まで自殺を考えたことはありますか。

クライアント：ないです。

ホーネン：本当ですか。

クライアント：はい。ないです。

ホーネン：生きるか死ぬかといった病気にかかったことはありますか。

クライアント：生きるか死ぬかの病気は経験していません。盲腸の手術くらいです。

ホーネン：子どもはいますか。

クライアント：いいえ。結婚はしていないです。

ホーネン：子どもはいますか。

クライアント：いません。

ホーネン：なぜ、結婚をしていないのですか。男性が皆、逃げていったのですか。

クライアント：いいえ、私の方から断りました。

ホーネン：なぜ結婚していないのですか。

クライアント：やっぱり、一緒に人生をやっていきたい人が見つからないから。

ホーネン：**（姉の代理人に向かって）** 今はどんな感じですか。

姉：何かが、重荷がとれたみたいな感じで、少し心が軽いです。

ホーネン：内側の感覚に変化はありますか。

姉：う〜ん。

ホーネン：考えずに、感じてみてください。もし何か動きがあれば言ってください。

姉：目を閉じて、後ろにこう倒れたい感じです。

ホーネン：**（クライアントの代理人に向かって）** あなたの内なる動きはどんな感じですか。

クライアントの代理人：お父さんが行く前に止めればよかった。

ホーネン：**（クライアントの代理人に向かって）** ここに来ることはできますか。

（父親へ） ちょっと動いてください。

（父と戦友の間に横になる）

（姉へ） 自分の内側に感じる動きに従ってください。でも、ここでやってください。思う方に行ってもらって構いません。さっき後ろに行きたいと言っていましたね。仰向けになってください。

母親側の家系には何があったのでしょう。父親側に関してはわからないと言っていましたが、母親側はどうでしょうか。

クライアント：母の従兄弟に当たる人がやはり統合失調症で、長く入院して亡くなったということは聞きました。

ホーネン：お母さんの世代、一つ遡《さかのぼ》った世代では何が起きたのでしょうか。殺人事件が起きたとか、何か罪悪感を感じるような出来事があったという話はありませんか。

クライアント：**（考える前に答えて）**いや、特にないと思います。

ホーネン：何もありませんか。母親の家系に被害者になった人、あるいは加害者になった人はいませんか。

クライアント：母の従兄弟の一人が統合失調症で、五年くらい前に病院で亡くなりました。

ホーネン：それはもう聞きました。

お母さんよりも前の世代で何か起きませんでしたか。母親側にも何かがあったはずです。母方の祖父母、あるいは、母親の兄弟姉妹、あるいは曽祖父母に。お母さんは、家族の誰かを戦争中に亡くしていませんか。お母さんの父は戦争で戦いましたか。

クライアント：母の兄が戦争で亡くなって、行方不明というか、遺骨も帰って来ませんでした。

ホーネン：どこで亡くなったのですか。

クライアント：たぶん、南の島と言われていて、ガダルカナルとかその辺りではないかと思われます。

ホーネン：どことの戦争で亡くなったのですか。

クライアント：聞いていないです。

ホーネン：それは戦争ではないのですか。

クライアント：たぶん戦争だと思います。陸軍の兵隊だと思うので。
ホーネン：敵はどこでしたか。
クライアント：アメリカです。

ホーネン：（参加者の中から、伯父と、一緒に亡くなった兵士数名の代理人を選ぶ）
（伯父とその仲間たちへ）そこに横になってください。
（父親とその仲間と並んで横たわる）
敗戦国の兵士に関して私が知っているのは、彼らが戦後一切の敬意を受けられなくなり、見捨てられてしまったかのようだったということです。軍務についている間は仲間が倒れて死んでいく様《さま》に立ち会い、自分がいつ死ぬかわからない危険に昼夜さらされ、自分自身が生き残るためには敵を殺さなくてはならなかったのです。勝った側の兵士は英雄となり、負けた側の兵士も勝った側と同じだけの犠牲を払っていたにもかかわらず、戦後の扱いは無残なものでした。ここに横たわる兵士たちがいます。どんな感じですか。

クライアントの代理人：悲しいです。たくさん人がいて。
ホーネン：（クライアント本人に向かって）お姉さんが何をしているか見えますか。
クライアント：はい。姉は死を望んでいるようです。
ホーネン：それはあなたの解釈です。彼女は何をしているのでしょうか。お姉さんは。
クライアント：生きることに希望を失っています。
ホーネン：　それも解釈です。彼女はまだ生きています。彼女は今何をしているところですか。

クライアント：……（考えている）。

（姉に対して尋ねる）何が起きていますか。どんな気分ですか。

姉：ここがいいです。ずっとこうしていたい。ごめんなさい。

ホーネン：（母親に向かって）どんな気分ですか。

母：肩に重しが乗っているみたいです。

ホーネン：床に座り込みたいですか。しゃがんでも構いません。

どんな気分ですか。

姉：なにか一体になっているような感じです。

ホーネン：（姉へ）起き上がってください。

（姉とクライアントの代理人が並んで立つ）

横たわる人たちを見てください。皆さんが見えます、と言ってください。

姉：皆さんが見えます。

ホーネン：私の言う通りに繰り返してください。皆さんの払った犠牲を私は見ます。

姉：皆さんの払った犠牲を私は見ます。

ホーネン：私の父親の家族も、母親の家族も大きな犠牲を払いました。

姉：私の父の家族も、母の家族も大きな犠牲を払いました。

ホーネン：私の父は戦い、私の伯父も戦いました。
姉：私の父は戦い、私の伯父も戦いました。
ホーネン：このように言って、今どんな気分ですか。
姉：少し楽になったように感じます。

ホーネン：**（クライアントへ）**こちらに来てください。**（クライアント本人を招き入れ、クライアントの代理人を下がらせる）**

お姉さんと手を繋いでください。皆の前に立って一人ひとりに頭を下げてください。お辞儀をするときに、この人たちが払った犠牲に対して、敬意を表するという気持ちでお辞儀をしてください。内側で自分が言うべき言葉というのは、「皆さん一人ひとりの姿が見えます。皆さんが捧げた犠牲があって、今私たちはここにいることができます」です。いいですか。まずお姉さんがそれをやってください。妹はそれに従います。自分の内側に感じる通りに、その感覚に従って、十分に時間をかけてやってください。

（参加者の女性数人に向かって）亡くなった兵士たちの母親の代理人をお願いします。

ここにきてその人たちの頭を膝に乗せてあげてください。そうすれば、この人たちにも居場所ができます。あなた方は、そのまま続けていてください。母親たちは若くして散った息子たちの頭をそっと撫でてもいいですし、もし姿勢が苦しければ楽な姿勢になってください。背中をさすってやりたいと感じたら、そうしてあげてください。**（姉に向かって）**言ってください。お父さんもここの一部でした。

姉：お父さんもここの一部でした。
ホーネン：お父さん、生き残ってくれてありがとうございます。

姉：お父さん、生き残ってくれてありがとうございます。
ホーネン：私が生まれる前に、お父さんはたくさんの仲間を戦場で亡くしました。
姉：私が生まれる前に、お父さんはたくさんの仲間を戦場で失いました。
ホーネン：お父さん、あなたの姿が見えます。今、お父さんが何を経験してきたかがわかります。
姉：お父さん、あなたが見えます。そして、お父さんが何を経験してきたのか、何が起きたのかがわかります。
ホーネン：それらはお父さん、あなたに属するものです。私には大きすぎます。
姉：それらはお父さん、あなたに属するものです。私には大きすぎます。
ホーネン：お父さん、今お父さんを、あなたのお母さんに託します。
姉：お父さん、今お父さんを、あなたのお母さんに託します。

ホーネン：**（女性を一人入れて）**彼女は**（父の）**母親です。あなたの祖母です。
（祖母は傍に座り父の頭を膝に乗せる）あなたの伯父さんに向かって言ってください。
伯父さん、あなたが見えます。
姉：伯父さん、あなたが見えます。
ホーネン：伯父さんは敵を殺さなくてはならなかったかもしれません。今私が暮らす日本を守るために、戦って死ななくてはならなかったのかもしれません。
姉：伯父さんは敵を殺さなくてはならなかったかもしれません。今私が暮らす日本を守るために、戦って死ななくてはならなかったのかもしれません。
ホーネン：伯父さんの身に何が起きたのかを知っています。

姉：そして、私は伯父さんの身に何が起きたのかを知っています。
ホーネン：伯父さん、私の心の中に、伯父さんのための居場所を作ります。
姉：伯父さん、私の心の中に、伯父さんのための居場所を作ります。
ホーネン：今わかります。お母さんの心は、伯父さんのそばにありました。
姉：今わかります。お母さんの心は、伯父さんのそばにありました。

ホーネン：（母へ）膝に彼の頭を乗せてあげてください。
姉：お母さん。

ホーネン：お母さんの伯父さんへの愛がわかります。兄への愛情がわかります。
姉：お母さんが、お母さんのお兄さんを愛していた、それがよくわかります。
ホーネン：なぜ、私たちのお父さんから、お母さんの心が離れていたのかが今はわかります。
姉：お母さんの心がなぜ、私たちのお父さんから離れていたのかが、今はわかります。
ホーネン：お母さん、私がお父さんのそばから離れなかったのは、お母さんの代わりでした。
姉：お母さん、私がお父さんのそばから離れなかったのは、お母さんの代わりでした。
ホーネン：でも、私にとって、それはあまりにも大きな重荷でした。
姉：でも、それは、私にとってあまりにも大きな重荷でした。
ホーネン：もうこれ以上、続けることはできません。
姉：もうこれ以上、続けることはできません。

ホーネン：私はただの子どもにすぎません。お母さんの代わりは務まりません。
姉：私はただの子どもにすぎません。お母さんの代わりは務まりません。
ホーネン：お母さんの伯父さんへの愛はお母さんにお任せします。
姉：お母さんの伯父さんへの愛はお母さんにお任せします。
ホーネン：お父さんを、お父さんの母親であるお祖母さんに委ねます。
姉：お父さんを、お父さんの母親である祖母さんに委ねます。
ホーネン：お父さん、お父さんの心は亡くなった仲間と一緒に居続けました。
姉：お父さん、お父さんの心は亡くなった仲間と一緒に居続けました。
ホーネン：彼らには恋も愛もなく、多くは妻を持つことも、子どもを持つこともできませんでした。
姉：彼らには恋も愛もなく、多くは妻を持つことも、子どもを持つこともできませんでした。
ホーネン：結婚せずに、また、子どもも持たずにいることで、私はお父さんへの愛を示そうとしてきました。お父さんが仲間に対して感じた、自分だけ生きて帰った罪悪感、自分だけ家族を持ってしまった申し訳なさを私が代わりに償いたかったのです。
姉：恋愛もせずに、また、子どもも持たずにいることで、私はお父さんへの愛を示そうとしてきました。お父さんが仲間に対して感じた、自分だけ生きて帰った罪悪感、自分だけ家族を持ってしまった申し訳なさを私が代わりに償いたかったのです。
ホーネン：（姉とクライアント本人を向き合わせ）私たちは、お父さんのことを深く愛していました。
姉：私たちは、お父さんのことを深く愛していました。

ホーネン：私たちは、お父さんの苦しみを代わりに背負おうとして最善を尽くしました。そして、お母さん、お母さんの悲しみを減らしたくて、私たちは最善を尽くしました。

姉：私たちは、お父さんの苦しみを代わりに背負おうとして最善を尽くしました。そして、お母さん、お母さんの悲しみを減らしたくて、私たちは最善を尽くしました。

ホーネン：横たわる皆さんを皆さんのお母さんたちに委ねます。

姉：横たわる皆さんを皆さんのお母さんたちに委ねます。

ホーネン：お母さんがあなたと共にいてくれます。

姉：お母さんがあなたと共にいてくれます。

ホーネン：私たちは小さな子どもに過ぎません。私たちは皆さんに守られて育つことができた子どもたちです。

姉：私たちは小さな子どもに過ぎません。私たちは皆さんに守られて育つことができた子どもたちです。

（姉とクライアントがその光景にお辞儀をする）

（姉とクライアントが向かい合う）

ホーネン：大好きなお姉さん。

クライアント：大好きなお姉さん。

ホーネン：あなたが背負ってきたものが何か、今わかります。

クライアント：あなたが今まで背負ってきたものが何か、今わかります。

ホーネン：お姉さんが背負い、私は守られていました。今私はそれを見ます。そして、あなたが背負ってきたものの居場所を私の心の中に作ります。お姉さん、ありがとう。

クライアント：お姉さんが背負い、私は守られていました。今私はそれを見ます。そして、あなたが背負ってきたものの居場所を私の心の中に作ります。お姉さん、ありがとう。

(姉とクライアントが抱き合う)

ホーネン：このコンステレーションに関しては、折を見てお姉さんとお話をしてみてください。大変な犠牲を払った人たちがこんなにもたくさんいることを、そしてこれほど身近にいることにも、私たちはこの場でようやく気づくことができました。

このコンステレーションの中で、代理人を通して出会ったすべての人たちの居場所を、あなたは自分の心の中に作ることができます。心の中に全員の居場所を作ることは可能であり、そうすることによって調和を取り戻すことができます。誰かの代わりに犠牲を払うことでは、調和も、心の平安も得られないのです。わかりますか。

あなたとお姉さんにとって最上のことが起きますように。

クライアント：ありがとうございました。

第2章　コンステレーションの現場

(1) ファミリー・コンステレーションはどのように行われるのか

コンステレーションはグループでのワークショップが基本となっています。ファシリテーターによっては対面による個人セッションや、電話、スカイプなどの媒体を通して行います。

自分の苦しみや悲しみを乗り越えるために問題と向き合おうとするとき、感情が揺り動かされたり、辛い記憶が蘇ったりすることで、普段通りに冷静に話せなくなることがあります。クライアントの問題の背後にどのようなことが隠されているのか、それを見つけ出すための手段として、他の参加者にクライアントの家族や症状などの代理人として立ってもらうよう求めます。そこで代理人とした立った参加者は、クライアントの家族内部に隠れていた誰かの感情や感覚を感じ取り始めます。クライアントが問題だと考えていることに関して、代理人はクライアントについての予備知識がないことから、意識の深層部に隠れている作用を素直に感じ取り、率直に表現します。それが問題の根源を客観的に見る助けとなります。実際の家族や関わっている人がそこにいると、しがらみや蓄積された感情が邪魔をして、客観的に見ることが難しくなります。ファシリテーターはそこに現れる現象が何を意味するのかを読み解き、クライアントが自分の力で解決することができるように手助けをします。

①コンステレーションの流れ

最初の段階はファシリテーターによる聞き取りです。ファシリテーターはクライアントの家族の中に起きた出来事や事件について尋ねます。そこから問題の核となっている人物を特定していきます。クライアントは自分の親や、あるいは自分自身の代理人、祖父母や伯父、伯母、または症状などの代理人を、会場内の空間に配置するところから実際のコンステレーションの場は始まっていきます。クライアントが自分の内側に抱いている自分の家族に対するイメージや、問題に関して持っている感覚に従って、代理人たちを配置していきます。

配置された場所に立たされた代理人たちは、クライアントの家族についてまったく事前に情報を持っていないとしても、ゆっくりと、中には立たされた瞬間からすぐに、それぞれ何かを感じ取り始めます。クライアントの問題の背後で、関与したであろう人々の語られていなかった思いや感情、家族の歴史の中から忘れられていた出来事とそれにまつわる感覚が、代理人を通して語られ、感情や感覚が表現されていきます。

ファシリテーターはそれらの代理人によって表現された言葉や感情、感覚を情報としてつかみ、それを元に次の段階を探り、またそこから表出する現象から次に展開する情景へと導いていきます。そのようにして一歩ずつ、最終的に向き合うべき決定的事象へとつなげていきます。クライアントにとって最も重要な場面が展開されると、その場にいるクライアント本人も代理人たちも核心的感情や感覚を体験します。そこを通過すると、関わった人たち全員の緊張が解け、安堵の呼吸が広がります。クライアントは代理人を通して自分の身に起きていたことの実像を見ることになるため、感情に巻き込まれずに向き合うことができるのです。その段階に至ったクライアントは、コンステレーションの場を離れ、家にたどり着いてからも、自分の意識の変化とともに世界や家族に対する見え方が変わっていることに気づきます。それまではがんじがらめで自分では身動きが取れないと思い込んでいた状況や困難が、さほど問題に感じなくなっていたり、怖がらず対処できるようになっていたりする自分を発見するのです。

しかし、クライアントにとって見ず知らずの参加者たちが、家族の隠れた感情や感覚を、代理人として立ったときにだけ感じとるとはどういうことなのでしょうか。場合によっては、代理人はその役割となった対象者の身体的特徴や、病気や怪我の後遺症の痛みを感じることもあるのです。

②有機的集合体と場のエネルギー

ともすれば私たちは、家族とは血が繋がっているだけの個人の集合体といったものにとらえてしまいがちですが、コンステレーションの現場を通して眺めてみると、家族とはそれ以上のものであることがわかります。目に見えるから、触れることができるから、そこにいるから家族ということではなく、家族とは時間を超えた有機的な連綿と続く一つの大きなエネルギー体であることが見えてきます。

わかりやすい例で言えば、一卵性双生児は離れていてもお互いに起きていることを感じとったり、似たようなものを選択したりするということはよく知られていますが、一卵性双生児でなくても家族間では非常に多くのことが無意識下で共有されています。クライアントが自分の問題と向き合い、根源となっている痛みや原因から目を背けずに乗り越えようとするとき、その姿勢そのものが波紋を生み出し、家族間の中に浸透していきます。本人の家族に対する態度や見方が変わると、家族内での自己の均衡の取り方が変わり、一人の均衡の取り方が変化するに伴い、家族全体の均衡も変わります。

困難を抱えたクライアントがコンステレーションの場に参加したときに、その人の人生と向き合おうとする真摯な姿勢が会場の空気を作ります。クライアントと主催者、ファシリテーター、学ぼうとする参加者の共通の目的が会場を巨大な受信機として機能させます。クライアントが中心となった、人生の問題を俯瞰するために会場が巨大なアンテナの役目を果たし、代理人のそれぞれは個別の特定の役割の情報のみを受信する、その巨大アンテナの中に設置された移動式の小型アンテナと想像してもらうと分かりやすいかもしれません。受信機の性能がどれほどよくてもファシリテーターの感度が鈍ければ、せっかくの情報を正確に解析できずに無駄にすることになってしまいます。ファシリテーターもまた、自己を鍛錬することを怠っては良い仕事ができません。(図/アンテナ)

(2) ワークショップの行程

① その目的

ワークショップは、自分ではどうにもならないと思っていたことに対して、別の角度からの視点をもたらし、それまでの状態では思いつかなかった対処法を見つけるための場です。ワークショップにも色々な形態でのやり方がありますが、多く見られるのは、参加者が輪になって座るところから始まるものです。これは会場の中央に空いた空間を作ることで、コンステレーションの場を全員で囲むためです。グループはそのワークショップの主催者、ファシリテーター、参加者で構成されます。主催者がファシリテーターを兼ねることもありますし、主催者に助手がいる場合もあります。参加者には、問題と向き合う用意をしてきたクライアントと、コンステレーションの場での体験から学ぼうとするために参加する人がいます。コンステレーションの場では解決を模索しますが、その目的はクライアントが日常生活に戻ったときに、自身の内側に問題を解決していくための新しい視点や、自分で乗り越えるための力を発見することにあります。

②参加者とファシリテーター双方の約束

ワークショップの始めに、ファシリテーターは次のことを求めます。

●コンステレーションの中で語られる、個人的な問題に関わるすべての情報には守秘義務が伴います。会場の外で話題として持ち出さないでください。ワークショップをどのような質を持った場所にするかについて、事前にファシリテーターが決めておくことはできません。参加者の姿勢がその質を左右します。クライアントが自分の苦しみや痛みを乗り越えるためには、安心して向き合える環境が必要です。現場では、参加者に名前を言ってもらうことはありませんが、ワークショップの参加者はその内容について守秘義務の遵守に対し真摯でなければいけません。

●他の参加者は、コンステレーション終了後に、クライアントに対してどう感じましたかなどとは尋ねないでください。コンステレーションはときに見ている者の心に響き、感動することがありますが、クライアントに感想を述べたり、感動を分かち合おうとしたりなどはしないでください。ドラマチックな展開にたとえ感動し、心を打たれたとしても、クライアントにとっては現実の人生の苦しみだったことであり、その人の家族の痛みに触れることです。十分な敬意と尊重が必要です。

●クライアント自身もコンステレーションで経験したことを早く理解したいと焦り、誰かに喋って整理しようとはしないことです。通常、終了後三、四日は取り扱った問題について触れない方が良いのです。喋って整理しようとすると、頭ではわかったような気になったとしても、実際は腑に落ちたという感覚を得ることは稀にしかありません。ワークショップの場で重要なのは、システムというものが持つ力動を感じて、身体感覚を通して理解することです。コンステレーションで体験したことを受け止め、消化し、自分のものとするには時間が必要です。

●代理人として選ばれてもやりたくないという場合は、ただ単にやりませんと言って構いません。三十分以上立っていることができない体調の方はそう知らせてください。その場合は観察していればいいのです。ただし、自分が乗り気じゃないからと、他のクライアントのコンステレーションでの代理人をすべて断っておいて、自分がクライアントになったときだけ、他の人たちに代理人をやってほしいと求めるのは虫が良すぎる話です。参加者の全員がその場を共有し、お互いが助け合うことでワークショップは成立します。

③ クライアントへの聞き取り

まず、ファシリテーターがクライアントに質問をします。クライアント自身が問題に対して、どう考え、どのような解釈をしているかということにファシリテーターは興味を持ちません。コンステレーションの研究が始まった初期には、「どんな問題を抱えていますか」という尋ね方をしていたものですが、その後、そのような問いかけがかえって問題に力を与えることになるとわかってきました。そこで「今日、あなたが見たいものはなんですか。向き合いたいこととはなんですか」といった尋ね方をするように、質問の仕方も変化していきました。しかし、実際に起きた事実をただ聞く方が、それよりももっと良いやり方と言えます。

「あなたの家族に起きた出来事、事件、被害や加害の事実にはどんなことがありますか」と聞くなら、返答は常に具体的なものになります。

たとえば、クライアントの女性が幼いときに父親を亡くしたとします。それが引き起こす行動パターンは様々でしょう。その出来事によって、彼女はうつ状態かもしれませんし、自殺願望があるかもしれません。人との関係を築けないと思っているかもしれません。色々な影響と、それによって引き起こされる結果が考えられます。

これが自分の問題なのだと本人が決めてきたことが、コンステレーションの展開にとって役に立ったり、直接関わったりすることはあまりありません。ファシリテーターが重要視するのは、過去に実際に起きた出来事です。現実と折り合いをつけるためにクライアントがどのような行動パターンを作り出してきたかよりも、過去に実際に起きた事実を知る方が重要です。

たとえばクライアントは、今ある家族の中で離婚をしているかもしれませんし、子どもを失っているかもしれません。別れた夫や妻への恨みを晴らしたいのかもしれません。そのことでコンステレーションを立てたいのかもしれません。しかし、ファシリテーターはクライアントに対して、いきなり誰が亡くなりましたか、誰が事件に巻き込まれましたか、家族や家系にどんなことが起きたのですか、と聞き始めるので、質問の仕方が失礼だと思う人もいることでしょう。実際にあった出来事以外の話をクライアントがし始めると、ファシリテーターがその場で話を中断させるのはよくあることです。

④代理人の役割

ドイツを中心にセラピストたちがコンステレーションを仕事に取り入れ始めた初期、代理人に選ばれた人たちは自分の解釈を述べようとしたがる傾向にありました。それは代理人をしている人が、その場に起きる現象を自分の想像によって脚色していたということです。セラピストはこれに対して、非常に注意深く見分けていかなくてはなりませんでした。

経験を重ねるにつれて、代理人が実際にどのように感じているかにセラピストやファシリテーターは気がつくようになります。経験が浅い段階では、代理人たちが実のところどう感じ取っているのかを察知し、見極めるのはなかなか困難です。ファシリテーターの側は、代理人には役者になってもらいたいのではなく、セラピストのように働いてもらいたいのでもなく、助言を求めているのでもありません。

コンステレーションの場で必要とされるのは、そこにあるエネルギーを代弁する人として居てもらいたいだけです。唯一必要とされるのは、その立ち位置で感じ取っているエネルギーについて良く感じるのか、悪く感じるのか、体の力が抜けているのか、緊張しているのかといったことだけです。原初的な感覚について語る以外、他には何もいりません。

ワークショップでは、代理人による実に多くの様々な表現に遭遇します。コンステレーションが始まると同時に、大げさに動き始めたり、床に倒れたり、叫ぼうとしてみたりする人もいれば、ファシリテーターに敵意を向ける人もいます。またはただ立ち尽くし、全く何も表現しない人もいます。それらの情報がクライアントのシステムから来ているものなのか、あるいはその代理人を務めている人自身の個人の内部から湧き上がっているものなのか、一般参加者には見分けはつきません。

あるいは、思いもかけない現象に出くわすこともあります。ワークショップの初日、最初のコンステレーションである代理人が倒れたとします。ファシリテーターは、何か大変なことがこの家族に起きたはずだ」ととらえ、クライアントに心当たりがあるかと尋ねます。しかし、クライアント自身は「分かりません。家族の過去にこのような大きな出来事があったという話は聞いたことがない」と言います。そこで、ファシリテーターはこう言います。「でもご覧なさい。あなたの母親が床に倒れています。何かあったはずです」。「でも、私の母親はまだ生きていますし、とても幸せなんです」。「いや、しかしあなたの母親は床に倒れています。見てください」。そうするとクライアントは母親の過去に何かあったのかもしれないと不安になり、電話をしなくてはいられなくなります。

次のクライアントのコンステレーションで、同じ女性が代理人に選ばれて、今度はクライアントの妹の代理人になります。そして、再び彼女は床に倒れるのです。ファシリテーターは引っかかるものを感じ始めます。ワークショップ二日目のコンステレーションで、同じ女性がクライアントの祖母の代理人をし、倒れます。そして、ようやく、代理人となった女性自身の癖について注意を払う必要が明らかになります。そのようなことがあるために、ファシリテーターは代理人の与える情報を鵜呑みにしないことも意識しておく必要があるのです。代理人が表現する情報が、彼ら自身から来るものなのか、それともシステムから生じるものなのか、慣れないうちは見分けるのは困難です。

個人セッションでは代理人を務める人はいません。代理人による情報が一切ない状況で、コンステレーションという手法を使いこなすためには、ファシリテーターやセラピストは理論や法則をよく学び、習得しなくてはならず、その能力や資質によって効果は変わります。まずコンステレーションを知ってみたいという段階では、代理人を使って行うグループ・ワークショップがよいでしょう。ファシリテーターは、代理人を自分の感じていることについての確認を取り、検証するために使います。

コンステレーションの場で、「今、どのように感じていますか」とファシリテーターは代理人に尋ねます。その位置にいる代理人はおそらくこう感じているだろう、という感覚にファシリテーターはすでに触れています。その触れている感覚について、ファシリテーターは代理人を使って二重に確認を取るわけです。

もし、ファシリテーターの感じ得た刺激というものが、その代理人が感じたとして表現した情報と同じか、あるいは非常に近いものであったという体験が繰り返されるなら、個人セッションを行うときにも、ファシリテーターが触れる感覚は信頼しうるとして検証を重ねたことになります。

代理人を通して情報を得ようとするとき、ファシリテーターは誰を信頼しているのでしょう。もしファシリテーターが、代理人と全く違う感覚を得ていたとしたら、ファシリテーターは、自分がどのような答えをその代理人からつかんでいるかを客観的によく観察しなくてはなりません。代理人の中心が本当に定まっていて、かつファシリテーターの感覚と異なる状態を見せているとしたら、ファシリテーターの方が何かを見逃したのかもしれません。そこでファシリテーターは、確認作業を繰り返します。ファシリテーターは、最終的にはファシリテーターとしての責任において自分自身を信頼する必要があります。

代理人は自分の身に感じ取っている現象を、自身の個人的な考えと比較して解釈すべきではありません。代理人が解釈したり、演技をしたり、考えて表現したりするのをファシリテーターはやめさせる必要があります。

果たしてそれは可能でしょうか。誰も思考を止めることはできません。そこには葛藤が生じるかもしれません。人は誰でも考え続けています。いつでも私たちは自身の内側の想像の世界の中に生きています。自分の家族に関連する物語の中に住み続けているのです。ファシリテーターは、代理人がそのような思考に取り込まれないように誘導しなくてはなりません。もし、代理人がずっと考え続けているような場合、あるいは自分の意見や解釈を繰り返し強く主張するような場合には、代理人を他の人と取り替える必要があります。代理人を取り替えるというのは、進行過程では大きな中断となりますが、コンステレーションとはクライアントの必要とすることを現象化させることを目的としているため、もし、その目的に合致しない出来事が起きたならば、ファシリテーターはその場を仕切るために決断しなくてはなりません。たとえば、代理人の一人でありながら目立とうと個人プレイをする人は、自分が責任を取る立場にいないにもかかわらず、ファシリテーターの責任に介入する行為をしていることに気がついていません。

代理人が自分の考えにかかわり過ぎているのかどうかを見分けるためのコツがあります。ファシリテーターが代理人に「どのように感じますか」と聞いたとき、もし、その代理人が上の方を見上げているとしたら、その様子は考え始めていることを指し示しています。もし、上の方を見て答えようとしているなら、それは思考の中に入っていっているか、または、記憶の中に入り込んでいることを表します。これについてもっと詳しく知りたければ、NLP(3)に関する本を読むといいでしょう。NLPでは、人がこちらの方向を見ているときや、目がこちらの角度を見ているときに、何を考えているのかを説明しています。

代理人が上の方向を見ているときには、その人が考えているのだと理解できます。そういう場合の反応では、通常一、二秒置いてから答えが返ってきます。そして、その答えは、代理をしている人の個人的な考えや思考を含んだものになります。

一方、ここにいて気分が良いとか、ここにいて気分が悪いという率直な感覚、真実の感情というものは、その瞬間に表現されます。

「ここでどう感じますか」と、尋ねるとします。もし二、三秒かかってから「彼がこっちの方にいた方がいいと思う」と答えるなら、それは完全に思考から来るものであって、役に立たない情報です。ファシリテーターはそれに一旦は耳を傾けますが重要視しないでしょう。なぜならそれは、代理人が感じ取ったものを自分で解釈し、率直さからかけ離れた翻訳をしているからです。また、代理人が目を閉じているとしたら、多くの場合、彼らが自分の物語の中に入り込んでいることを表しています。その状態から伝えられる情報にも重要性はありません。

これら幾つかの点に注意することによって、代理人が感じたことをそのまま伝えているかを見分けることができます。ファシリテーターの仕事は見ることです。身体が表す仕草のすべてに目を留めています。言葉に耳を傾けながら、言葉そのものを聞いているのではありません。代理人とクライアントが意識せずに表現しているものを観察しています。代理人が誰を見ているのか、彼らの目は開いているのか、閉じているのか。また、彼らが見ていないのは誰なのか。ファシリテーターの仕事とは、それらの細かいサインを見逃さないことです。

(3) コンステレーションの構成／ある家族の事例を用いて

① 診断

コンステレーションは、通常二つの行程に分かれています。行程の第一段階は診断です。問題の背景を知るために立てる見立てであり仮説です。聞き取りを経て、その情報を元に代理人を選び、その配置や動きを通して仮説を立てます。二つ目の行程とは解決に向けての介入となります。

ファシリテーターは仮説を立てる過程で、クライアントの問題の背景に何があるのかを見つけます。ここで言う問題というのは、「家族のシステムの中の力関係はどのようなものなのか」ということです。その最初の段階としては、「どの子どもが家族の中の誰と同一化しているか」といったことを見つけていきます。これが重要な第一歩です。事例として、ある家族のシステムを再現してお見せします。本人から再現して良いとお見せする許可は得てあります。

彼が父親です。（男性を指す）こちらが母親の代理人です。（女性を立たせる）父親、母親、本人、そしてその姉を選びます。このように、クライアントは自分の家族のメンバーを表現してくれる代理人を選びます。

（図A）

そのときに大切なのは、クライアントは自分や家族について知りすぎている人を選ばないということです。また、似通った人をわざわざ選ぶ必要はありません。たとえば、自分の母の髪の毛が金髪だからといって、この中で金髪の人を選ぼうとする必要はありません。実際の人物と似ているかどうかは重要ではありません。多くの場合、ワークショップの参加者は女性の人数が多いのですが、男性の人数が足りるのであれば、男性の役には男性の代理人を選びます。基本的には女性の役には女性の代理人、男性の役には男性の代理人を選びます。

このようにして、クライアントは家族や自分を代理してくれる人を参加者の中から選び出し、その場に配置していきます。（図A）

② 代理人

父親の代理人は、クライアントの父親がどんな人だったのかをまるで知っているかのようなふりはしません。祖父の代理人をやっているからといって、杖をついて、腰を曲げて歩きはしません。赤ちゃんの代理人をしているからといって、赤ちゃんみたいに泣き叫んだり、おむつの中に漏らしたりしなくていいのです。ただ単に、エネルギーを表現する媒体としてコンステレーションの場の中に立ってもらいます。

自分の感じ取ったエネルギーを表すための、最も良いやり方とは自然体でただ立つことです。たとえば手を後ろで組むと、代理人として感じとるよりも通常の自分の身体感覚のままになります。そのため、両手を脇に垂らしてただ立つ方が、受信体としてよりよく機能します。

参加者は代理人に選ばれた段階で、自分の思考とは距離を置きます。また、その人自身の家族との間の様々な出来事による個人的な記憶も脇に置いてもらいます。当然、代理人に選ばれた人たち全員に、それぞれの人生の物語があります。しかし、クライアントのために始められたコンステレーションの場には、代理人一人ひとりの個人的な話は持ち込みません。また、コンステレーションの場に立つときに必要なのは感受性だけで、ある意味で知性も必要としていません。代理人に求められるのは、ただ単にその場で自分の身に起きること、最も根元的な感情を感じ取ってもらいたいということだけです。良い感じか、悪い感じなのか。さっきよりも良くなったのか、あるいは悪くなったのか。満足しているのか、悲しいのか、といったことです。コンステレーションの場では、代理人として選ばれた人は必要な情報を感知するエネルギーの媒体、受信体としてのみ存在します。その役割を演じる俳優や女優としてそこに立つのではありません。

③ 最初の配置

クライアントはコンステレーションで代理人を配置する際には、これから自分が何をしようとしているのかを考えないことです。その会場の中で、まさにその瞬間に感じ取った場所に連れていくことからコンステレーションは始まっていきます。ファシリテーターに何かを見せようとして計画を立てておくようなことはしません。そのような行動にはだいたい何かの意図が働いています。また、配置していく際に、クライアントは代理人たちに対して必要以上の操作をしないように注意します。代理人に腕を上げてとか、顔を下に向けてとか首の角度はこうといった、こういうことをしろ、あっちを向いてなどと求めないのです。一番良いやり方は、クライアントは代理人の後ろ側から両肩に軽く手を置くか、または前から軽く両手を取って、自分の中に感じる方向にゆっくりと連れていきます。どの人から始めても構いません。それぞれの役割の相互の関係性はどのようなものなのかを見ながら、その瞬間にその場で感じ取ることに導かれながら、一人ずつ動かしていきます。

（図B）

もし、自発的に自然に動いていくという代理人がいたなら、場合によっては、それでも構いません。配置が終わると、もう一度クライアントは微調整の必要があるかを眺めたり、歩きまわったりして確認します。もしかしたらどこか変更した方がいいところがあるかもしれません。

これがコンステレーションです。配置し終えたらクライアントには座ってもらいます。場合によっては、終盤でクライアントにコンステレーションの場の中に入ってもらい、本人の代理人と交代してもらうかもしれません。

④ ファシリテーターの介入

配置が終わった段階から、ファシリテーターはその場の中に働きかけていきます。コンステレーションは変化していく過程を基にする作業です。プロセス志向という、過程や経過を中心とするという意味は、次に

（図B）

何が持ち上がるのかが全くわからないという状態のことです。自分が何をするのかについて、事前に何も計画しません。ただその過程で生じる現象の中に入っていきます。ファシリテーターはこの変化していく過程の中に入っていって、その家族システムの力関係がどうなっているのかを、その場にいる人たち全員と一緒に紐解いていくのです。

まず、ファシリテーターはクライアントが言葉で訴えることにはあまり関心を寄せません。配置された位置と、代理人の身体が表現している状態が何を表しているかに注意を払い、そちらを信頼します。どのように代理人を配置していったのか、というクライアントの体の緊張状態や動き、呼吸の深さなどの様子も見ています。

ファシリテーターは家族像の原型となる配置というものを感覚として持っています。その原型と照らし合わせたときに、わずかでも違和感を感じるか、微妙な不自然さはないかを精密に察知していきます。配置された位置関係を見て、「なぜこの人は子どもなのに、父親の位置に立っているのか」という疑問が生じます。配置された場所でのこの男性を見ると、本来子どものいるべき位置にはいないように見えます。そうすると、第一子、最初に生まれた子はどこだろう。なぜ彼はここにいるのだろう。このような疑問が浮かび、そこからファシリテーターはクライアントに尋ねるのです。

「誰か突然亡くなった人はいますか。父方の家系で、幼くして死んでしまった子どもはいますか」。

そう尋ねることで、クライアントは忘れていた家族の情報を思い出すことがあります。

クライアントの伯父にあたる、父の兄は戦争中に亡くなっています。そうすると、彼がなぜここに立っているのか、その理由がわかってきます。この位置とは、この若い男性が立つべき場所ではありません。本来は彼の父親よりも大きい人が立つべき場所です。

では、この男性に彼の元々の立つべき位置に行ってもらうための行程に入ります。ここで、別の代理人に入ってもらいます。この方に伯父さんの代理をしてもらいます。（男性に立ってもらう）戦争のときに亡くなった父親の兄です。

これまでにクライアントが取ってきた行動の幾つかは、そもそも彼自身のものだったのでしょうか。それらは伯父が取った行動だったのかもしれないのです。仮に、彼に自殺願望があったとします。それは伯父の死に繋がっている可能性が考えられます。早すぎる兄の死で父親が悲しんでいるなら、無意識の内に父親の胸の奥にある悲しみを彼は感じ取って、父への愛情のために、「お父さん、僕がそこに行って伯父さんの代わりをします。そこで、あなたの兄の死の床を自分が代わりに埋めます」という思いを行動に移します。

自分の心の内側の世界でそのような思いを持っているということは、現実の世界では自分の人生を葬り、他の人の人生を代わりに生きるということです。私たちはときに自殺をしたいと思ったり、または、人との繋がりを欲しているのにも関わらず、どうしても関係を持つことができなかったり、病気になるための行動パターンを自分ではどうにも変えられないということがあります。父親の兄の身代わりをすることによって、自分にとって必要な人との関係が築けないということにもなるのです。

ここで伯父の身代わりをしているつもりになっている彼の目の前に、伯父さんの代理人に入ってもらい、彼を見てもらいます。この作業で大切なこととして、相手の目を見るというのがあります。

(4) ファシリテーターの仕事

① 言葉の力

コンステレーションの第二段階となる解決の部分では、言葉が重要な役目を果たします。伝えるべき短い文をファシリテーターは見つけ出し、代理人に、あるいはクライアント本人に声に出して伝えるように促します。たとえば、伯父さんに向かってこう言うように求めます。


「大好きな伯父さん、今あなたが見えます。

あなたはもう亡くなっていて、でも私は生きています。

ここで起きた出来事は、あなたに起きたことです。

自分の命を失ったのはあなたであり、妻を失ったのはあなたです。

それはすでに起きたことであり、それはあなたのものです。

私にはあなたの代わりは務まりません。

今、私はそれを見ます。

私はあなたの小さな甥に過ぎません。

私はあなたの弟の息子でしかありません。

あなたが大きく、私は小さい。

大好きな伯父さん、私がこれからも生き続けたとしても、どうか温かく見守ってください。

私もあなたのように女性との関係を築くでしょう。
私は自分の心の中に、あなたの居場所を作ります。
今。私は伯父さんの運命をありのままに尊重します」。

ファシリテーターが一つの文を区切りながら、代理人、もしくはクライアント本人に繰り返して言わせます。そうして伯父さんに向かってお辞儀をするように促し、伯父にとっての甥であり、父親の息子としての適切な位置に移動させます。代理人たちの様子から、父親とその兄の関係にも何かを見る必要があるようです。この場合、彼らの母親の代理人を立てる必要があります。なぜならば、本当の悲しみは母親が息子を失ったことにあるからです。母親には息子に対しての思いがあります。ですからクライアントの父親は、自分の兄（クライアントの伯父）を母親（クライアントの祖母）に託します。そうすることで、ようやく父は息子を見ることが可能になり、息子にこんなふうに言うことでしょう。

「私の兄は、今、母と一緒にいます。
そして、私にはあなたが見えます。
あなたは私の子どもです。
私の兄ではありません」。

これによって、家族システムの中にあった混乱が消えていきます。この男性が伯父の位置にいなくてはいけないと思ったのは、父の役に立ちたいという願いと、システム上の良心に突き動かされてのことでした。父親の深層意識下にあった多くのことを、彼は息子として引き受けていました。その場所で立ちつくすことで、過去の何かを癒そうとしていたわけです。そもそもの出来事が起きた当時の、忘れられてしまった存在や、そのときには抑圧され、見向きもされなかった思いに居場所を与えることによって癒しをもたらします。そうすると、父親のために、伯父のために、または祖母のために、クライアントは自分を犠牲にする必要がなくなります。父親のためのみならず、伯父や、祖父、祖母の役に立とうとするあまり、誰か他の人の場所に自分を置いていたわけです。

② 解決はクライアント自身がもたらす

これは様々な解決法の内の一つの例です。このような対処の仕方を見た人々は、コンステレーションを行うファシリテーターやセラピストを、ヒーラーやシャーマンであるかのように誤解することがあります。ファシリテーターが自分のために解決策を出してくれたと思うわけです。それに関しては、そうであるとも、そうではないとも言えます。ときには、ファシリテーターの見立てが正しければ、それは真実かもしれません。しかし、ファシリテーターの判断自体がファシリテーター自身の努力でどうにかなるものではないことも真実です。確実に言えることは、解決策はクライアント自身がもたらすもので、ファシリテーターは補助をするに過ぎません。

コンステレーションにおける解決の仕方をここまで見せました。しかし、いつでもそれはたくさんある候補ここでは一つの癒しの映像《イメージ》が提示されました。コンステレーションの現場で目にする解決の方法は一つの可能性の一つにすぎません。このような角度から、自分の家族システムを見てみてはどうだろうという提案です。こであり、それを現実の世界で実際に行動に移すのは本人が自分でやらなくてはいけないことです。コンステレーションで自分の問題に働きかけたなら、抱えているすべての問題がなくなるものとは考えないでください。これは解決に向けての始まりであり、出発点だととらえるべきものです。自分が向かっていく方向の第一歩だととらえてください。

③ 心の中の映像を変える

がんじがらめになっていると感じ、行き詰まっているクライアントに対し、コンステレーションは、本来の自分自身、つまり誰かを助けるために誰かと同一化していない状態の自分に戻っていく手助けをします。解決策の新しい映像をクライアントに提示することによって、その人のこれまで持ち運んでいた映像に新たな視点をもたらしたいとファシリテーターやセラピストは願っています。心の中の映像が変化することによって、その人は祖父母の孫であり、親の子どもであり、兄や姉の弟や妹で、弟や妹にとっての兄や姉としての居場所にいる自分自身の人生を生きる道程に還っていくことができます。

ファシリテーターが現実を変えることはありません。過去に起きた事実を変えることもできません。亡くなった伯父さんを生き返らせることはできないのです。しかし、クライアント自身が伯父さんに対して無意識に抱いていた固定した観念を、伯父さんは今や、彼自身の父親や母親と一緒にいるという観点に変えることはできます。もうこの人たちの苦しみを自分が背負う必要はないのだ、と発想を変えることは可能です。コンステレーションで得られるのは、それまでは思いつくことのなかった新しい映像です。

家族の過去に起きた出来事は、いつも家族の心象風景の中に焼き付けられた一部分として帰属します。自分の家族の誰かの過去に起きた出来事を変えることはできませんが、その人はその出来事への見方を変えることはできます。この新しい内的な映像を使って、自分自身に相応しい人生を生きていくことが可能になります。もし、その人がそう望むなら。

(5) それぞれの責任の範囲

自分の問題についてコンステレーションを立てて、それを体験した本人の責任とは、自分を信じることにあります。その後、どのように歩んで行ったのかとファシリテーターの方から問い合わせることはありません。三ヶ月後にその人を訪ねて行って、何が変わりましたか、今はどんな気分ですかなどと聞いたりはしません。

秘密をお教えします。ファシリテーターは、クライアントの問題はほぼ忘れてしまうのです。もっと大きな秘密をお教えすると、クライアント自身も忘れてしまっていいのです。ヘリンガーは「コンステレーションでどんなことがあったかを、たとえ表層意識が忘れてしまったとしても魂は覚えている」と言いました。

① 代理人として選ばれたなら

代理人を務めるという行為は、このコンステレーションの過程で暫《しば》くの間立っていられる人向けのものです。代理人はクライアントを助けるために、自分の感情や身体感覚を貸し出します。四〇分から一時間以上も立ち続けることもありますし、亡くなった人の代理人をやってもらうときには、床に横になってもらうこともあります。

代理人は聞かれたことに対して、他の人に聞こえる程度の大きな声で答えなくてはなりません。ひそひそと喋るのでは誰にも聞こえず、何が起きているのかがわかりません。他の代理人やクライアントにわからなければ、その場の中で使われた言葉が影響を与えることはなく、効果を発揮できません。また、コンステレーションの場の中で代理人を務めながら、自分自身の都合を優先してしまう代理人はクライアントのためにはなりません。クライアントから代理人になってほしいと求められた参加者は、自分の健康状態と照らし合わせ、必要に合わせて断ってもいいのです。また、自分自身の問題に入り込んでいたい人は、代理人に選ばれたとしても、その要請を断ってコンステレーションの場の中には入らないことです。

代理人になるということは、そこに現れる他の誰かの家族システムの中で貢献しようとすることです。グループにいる人たち全員にあなたの声が聞こえて、あなたを見ることができるようにしなければなりません。そして、代理人を引き受けた人には、その役を務めたことで得られる独自の恩恵というものがあります。

②コンステレーション後のクライアント

自分のコンステレーションを終えた後、その内容を振り返って話題にはしないことです。最良のことは、語らず噛みしめることです。忘れてしまっても構いません。クライアントが自分のコンステレーションの過程で何を見てどう思ったかなど、分析をし始めたり、あるいは役に立ったかどうかなどの他の参加者からの質問に答え始めたりすると、クライアントの意識は頭で考えることに向かって行ってしまいます。

コンステレーションの後の過程は、頭で考えるべきものではありません。どちらかと言えば、心と呼んだり、無意識と呼んだり、魂と呼んだりしている、そういった次元で感じとられるべきものです。自分自身の内側深くで感じたものが成長して、発展していくのには時間がかかります。

コンステレーションを終えた直後は、特に何も変化を感じないクライアントもいます。それで、ファシリテーターに対して不満を感じる人もときにはいます。それらはファシリテーターの側には全く問題にはなりません。変化を感じ始めるのに数日間、あるいは数週間かかることが知られているからです。

一方、もしもコンステレーションのすぐ後に、クライアントがすでに何かの変化を感じ始めて、ファシリテーターのところにやってきて、感動のあまり抱きしめて、感激しながら感謝を表すとしたら、その行為はあまり信用できるものではないでしょう。なぜならコンステレーションとは、深層意識で進行する作業だからです。その結果はクライアントがゆっくり味わっていくべきものです。ドラマチックな展開のコンステレーションの直後に、クライアントが大げさに感謝を表明するような変化を見せたら、それはもしかしたら演技かもしれないと疑ってもいいかもしれません。

③ クライアントの責任範囲

あるとき、ホーネンは一組の夫婦の問題を取り上げました。その夫婦には子どもができませんでした。彼らの主治医は、子どもができない理由が医学的見地からはないと言っていました。それで夫婦はホーネンのところに、コンステレーションを行いたいと求めてきました。そのワークショップの三～四ヶ月後に、そのときの夫がホーネンを再び訪ねてきて「何が起きたと思いますか。私の妻が妊娠したのです。ありがとう」と言いました。

ホーネンが妊娠させたのではないことは間違いありません。責任はその夫にあります。コンステレーションの結果は一つの可能性を見せているにすぎません。当事者の選択、当事者の行動が大切なのです。だから、上手くいったからといって、ファシリテーターを褒めたり責めたりしないことです。結果はファシリテーターの責任ではなく、クライアントのものです。

これをたとえて言うと、車を運転している途中、あなたはどこかで道に迷ったとします。通りかかったホーネン（あるいはヘリンガー）に道を尋ね、ホーネンは「あっちの方向ですよ」と言うだけで十分なわけです。ホーネンがあなたの車に乗り込んで、あなたの車を運転して、その場所に連れて行ってあげる必要はありません。

それはファシリテーターの仕事ではないのです。ファシリテーターの仕事は、あっちが行く道の一つだと伝えるだけです。そして相手が理解したと思ったら、ファシリテーターは自分の仕事をそこで終えることができます。これは責任の範囲を明確にする双方にとっての利点です。

クライアントの中には、コンステレーションでどれほど感動的な解決を見つけたとしても、自分自身のあり方を変えようとしない人がいます。それは自分に選択肢がありながら変えないでいる場合と、本人が変えたくても変える時期が来ていない場合があります。そのどちらも尊重されるべきです。クライアントは家族や家系のシステムのもつれの中で生きているのです。たとえ苦しいとしてもそこで保たれている調和をなぜ変えなくてはいけないのか、誰かが手を貸したからといって、家族の調和を危険にさらすわけにはいかないと意識の深い部分で葛藤を抱えているかもしれません。「解決するよりも苦しみ続ける方が簡単だ」。ヘリンガーは、こう言ってドイツで有名になったのです。

④ ファシリテーターにできること

クライアントというのは、ときにセラピストやファシリテーターを便利屋だと思うことがあるようです。まず居間をきれいにして欲しい、ああそういえばトイレの電気を替えてくれないか。あとは寝室も散らかっているし、車のエンジンも調子が悪いんだよ。窓拭きもお願いします…。しかし、コンステレーションのファシリテーターは、便利屋ではありません。ファシリテーターは一つのことだけをやります。

ファシリテーターができることに関しての大きな誤解は、ファシリテーターは通常は、一つのことだけをやるという契約を結ばないのです。一つの問題に対してのみの契約書を作ることはしません。一つの出来事に対して上手くいったとします。そうするとクライアントはもう一つあるのですと言ってきます。まだもう一つあります。さらにもう一つ。もっとまだあるのです。そして、どこかの時点でファシリテーターは失敗します。そうするとクライアントは思うのです「やっぱりそうだと思った。あなたには私を助けることはできない。そんなの最初からわかっていたことだ」と。

クライアントの中には、ファシリテーターをサービス業のように思い、自分を客だと思う人がいます。雇い主である自分が要求するようにやってほしいのだ、やらなきゃいけないのだと、ファシリテーターに望んだ通りの結果を出すように求めるクライアントもいます。しかし、ファシリテーターはコンステレーションの中で、もっとも大切だと思うこと、その瞬間に正しいと判断したことをやります。

⑤苦しんでいるのに寄り添ってくれない

一回のセッションで、クライアントがそれまで言語化できなかった深層意識の領域にあったものを視覚化し、感じ取ることを可能にしたコンステレーションという手法には、大きな欠点があります。

クライアントの多くが、他のセラピーと比べたときに自分がファシリテーターから拒絶されたように感じたと言います。なんてひどいファシリテーターだろう、私の名前にすらも興味を持ってくれないなんて、といった具合に。そのため、コンステレーションを他の心理療法と同じようなものだと認識されることには躊躇する部分があります。

コンステレーションのワークショップやトレーニングに対して、他の心理療法に期待するようなことを求めた場合、ファシリテーターはきっと薄情だったり、冷たい印象だったりすることでしょう。他の心理療法のセラピストのように痛みや悲しみに寄り添い、癒し、問題解決まで責任を持って寄り添ってくれると思って参加するなら、がっかりするかもしれません。

コンステレーションのファシリテーターは実際にそういう形では責任を負いません。その仕事とは、クライアント自身が自分の内側に問題を解決する力があることを思い出させ、その力の源泉の在り処を指し示すことです。この療法には利点もあるし、欠点もあります。

⑹コンステレーションの完結に向けて

①完結をクライアントに委ねる

コンステレーションにおいて、ファシリテーターは作業を完結させる必要はありません。クライアントにとって最も重要なこととは、このように別の見方が可能なのだと提示されることであって、それによってクライアントは自分でその過程を完結させることができます。なぜなら、ここで経験したことはクライアントのシステムにかかわることであって、その結果はクライアントに委ねられるものだからです。ファシリテーターが完了を決めるのではありません。

ファシリテーターはクライアントの目線や身体の緊張に細かく注意をしています。その様子から、クライアント本人が理解した、重要な点を感じ取ったと、緊張から安心へと変化したということを察知したならば、それは家族システムに対しての視点が変わったという印であるため、ファシリテーターは問題に働きかけるのをそこで止めることができます。ファシリテーターは真理を提示したり、現実を変えたりしようとしているわけではありません。この作業の後、クライアントは自分自身の中で、これを自分の真理、自分の現実に使えるように翻訳し、解釈し直さなくてはいけないのです。

そして、どれほど感動的なコンステレーションであっても、その結果を実現させようと行動しない人、あるいは全く逆の選択をする人もいます。それも尊重されるべきなのです。その人の実行するための機が熟していないだけなのかもしれません。

② バランスの再構成

家族のシステムの一部分に何かの出来事が起きたら、それはそのシステム全体に影響を及ぼします。五人家族の長男である第一子が亡くなったなら、その家族は重大な衝撃を受けます。あるいは、父親の兄が亡くなったなら、それによって家族システム全体が影響を受けることになります。

ある人が、苦しみがパターン化している気づき、コンステレーションのワークショップに参加します。過去に起きた出来事に関係した何かが、家族の中の一人を通して繰り返されているとき、その人がクライアントとなって、その出来事に関する心の中にすでに出来上がっていた映像《イメージ》を変化させるとします。そのとき、家族システム全体がその一人の変化の影響を受けることになります。その人の家族内での関係の結び方、バランスの取り方が変わると、直接関わる人たちもまた距離の取り方や言葉のかけ方が変わります。したがって、家族の問題に対処したいと願うとき、家族全員のすべての問題に対処しなくてはならないということはなく、一つの問題に対して一つのコンステレーションを立てることで全体に影響を及ぼします。

コンステレーションに関する興味深い点とは、自分自身の内面のバランスの取り方がすべて変わっていくということです。自分の中で家族の配置換えが始まります。そうすると、その意識の変化が家族にも影響します。

③ なじみのない未来よりも慣れた苦しみ

注意深く見てみると、クライアントの多くは苦しむことが実は大好きだということがわかります。自分を人生の被害者と見なすことで安心するクライアントはたくさんいます。家族のために何かの重荷を背負うということで、自分を重要な存在だと感じることができます。それは任務であり、担うことで自分を誇らしく思えます。多くの犠牲を払い続けることはたくさん貢献していると認識され、その人は自分を重要な存在ととらえます。

重荷を引き受けたその場所では重要人物だということになりますが、こちら側、重荷を下ろした場所では自分をさほど重要と認識することができません。こちら側では両親よりも小さく、祖父母よりもずっと小さな自分のサイズを知ることになります。他の誰かの問題ではなく、自分自身の問題と向き合わなくてはいけないのです。これまでに作り上げてきた自分の問題に、自分の責任において対処していかなければなりません。

慣れ親しんだ墓場の温もりは、何も保証されていない未知の人生に踏み出す不安に比べれば、ずっと居心地の良いものです。両親のために何かするということは、それによって、どこかに自分が属しているという気持ちになれるということです。自分は役に立っている、自分には罪がない、後ろめたいところが一切ないと感じます。しかし、何の犠牲も払わずに役立たずでいると罪悪感を感じることになり、自分がどこに属しているのかがわからなくなります。また、変わりたいと心底思う時期は人により異なります。だから、どんな人でも尊重に値します。困難なもつれの中に留まっていたいという人も尊重されます。それはその人が自分で決めることです。

コンステレーションは、人生の真理を教えるものではないということを再度明確にしておきます。心理療法という人工的な対処法であり、人生の真理が何なのかはここではわかりません。だから、このような心理療法にルールや制限がついているというのは良いことなのです。人生とはどんな心理療法よりも、もっともっとずっと大きなもののはずです。どの心理療法も、一〇〇パーセント常に成功に導くということはありません。三十～三十五パーセントぐらい成功すれば、セラピストやファシリテーターにとっては大きな喜びとなります。コンステレーションの細かい内容を思い出せないくらいがちょうど良いのです。クライアントが自分の変化に気づくのは、もしかしたら一週間後か、あるいは一年後かもしれないのです。

［脚注］

（3）神経言語プログラミング（Neuro-Linguistic Programming: NLP）は、ジョン・グリンダーとリチャード・バンドラーによる、コミュニケーション、能力開発、人間心理に関する技法。信念を、能力、行為、環境、同一化と精神性の間にあるとし、信念を変えることによって潜在能力の発揮を促すものです。

第3章　コンステレーションで鍵となる言葉と視点

ここではコンステレーションを理解するにあたって、基本的な概念と用語についてお浚《さら》いとしてまとめていきます。私たちの生命に与えられた、これらの隠された様々な法則や条件が、クライアントの個々の問題の背景にある謎を解くための鍵となります。

(1)　善と悪と所属

スタンフォード監獄実験（Stanford prison experiment）について聞いたことのある方もいるでしょう。七十年代初頭にアメリカのスタンフォード大学の社会心理学者フィリップ・ジンバルドー／Philip Zimbardo（1933年～）が行った実験で、これまでで最も社会的に影響を与えた心理実験④の一つと言われています。新聞広告で募集した二十人強の学生を、約半数ずつの二つのグループに分け、一方には囚人役を、もう一方には看守役を与えて、大学の心理学部の地下に造った模擬刑務所で、二週間かけてどのような反応が起きるかを検証するというものです。

実験は当初、状況、条件の組み合わせが人にどのような影響を及ぼすかを検証するものでした。しかし、ある特定の状況下で地位や権力を与えられた側の者と、その権力を行使される受動的、従属的環境に置かれた側は、その立場や権力、従属的条件に対して期待されている行動をとり始めてしまうといった検証結果を得ることとなりました。環境は人格を豹変させ、個性を失わせ、極めて残酷なことも行わせうるというものでした。

ジンバルドーの著書であるスタンフォード監獄実験について記した『ルシファー・エフェクト――ふつうの人が悪魔に変わるとき（海と月社、二〇一五年）』では、善と悪とその超越の可能性について追求しています。そこでは善と悪とは人の心の真ん中に備わっている、ある種、普遍的な観念として重要な役割を担います。悪や邪悪な行為は環境や権力によって誰の中にも生じるものだという観点が、その実験以後、世に広く認識されていましたが、ヘリンガーは善と悪についてそれとは異なる視点をもたらしました。

ヘリンガーは、善と悪は所属しているグループに応じて変化するという、非常に流動的なものとして描きます。自分が所属するグループの存続にとって、貢献する行為をするとき私たちは自分の内面に良いことをしたという感覚を持ち、存続を脅かす行為や不利益になる行為をすると自分の内面に悪いことをしたという感覚が生まれます。

(2) 良心

「良心」(conscience) は、コンステレーションにおいて中心的であり、重要な鍵となる概念です。「良心」はコンステレーションの技術ではなく、どちらかと言うと日常、私たちが身につけているメガネや、指にはめたままの結婚指輪みたいなものです。あるいは、「良心」は脳に組み込まれているハードディスクの一部分みたいなものとも言えます。

ヘリンガーはカソリックの神父でした。宗教界に身を置く人にとって「良心」という言葉には非常に重要な意味があります。「良心」という言葉を聞いたときにどのように感じるでしょう。通常、人は「良心に照らし合わせて恥ずかしくない自分でありたい」、「心地よく感じたい」と答えます。自分の行為を「良心」に照らし合わせたときに、「後ろめたさや、やましさを感じたい」と思う人は誰もいません。「良心」という言葉は、キリスト教のカソリックやプロテスタントにとって、より高次元の意識、神と繋がる意味合いを持っています。

ある男の子が外で遊んでいて、何かいたずらを思いつき、友達と一緒に調子に乗ってしまったとします。もしかしたら、お店で小さなお菓子をこっそりポケットに入れてしまったのかもしれません。お父さんのタバコを試しに吸ってむせたのかもしれません。寄り道をして、カエルをいじめて時間を忘れ、家に帰ってくるのが遅くなったのかもしれません。宿題のプリントを失くしてしまったのかもしれません。そうすると家に帰るとき、何か「良心」に照らし合わせるとやましさを覚えます。それらは子どもだったら誰でもやるような楽しくていけない遊びですが、もし親がそのことを発見したら何が起きるでしょう。

その子は、細心の注意を払おうと考えました。誰にもわからないようにそっと家の中に入って、まるで疲れ果てているかのように振る舞って、すぐにベッドの中に入るのです。そうすると誰も自分の息の臭さに気がつかない。それか大急ぎで歯を磨いてしまう。もしばれてしまったら、お仕置きを受けるに違いないと思い込んでいます。夕飯を食べさせてもらえないとか、好きなテレビを見せてもらえないとか、明日は遊びに行ってはいけないと家で留守番を言いつけられるといった、そんなお仕置きを親はします。

また別の日には良心に心地よさを覚えていました。なぜなら隠れてこっそりタバコを吸ってもいないし、宿題もやったし、自分は潔白で、罪がなかったからです。絶対にお仕置きを受けることはないとわかっていました。

子どもの頃に宿題をせずに学校に行って、隣の席の子のノートを書き写したとき、そのような気分を持ったことはあったでしょうか。もし家で、自分で宿題をやっていたとしたら、あなたは良心に照らし合わせて心地よさを感じます。でも、隣の子のノートを書き写したら、良心に照らし合わせたときにやましさを感じます。

私たちの誰もが、良心に照らし合せたときに自分の行動を誇らしく思い、心地よく感じたいと願っています。そうしたら自分には罪がないと感じられて、何も自分には悪いことが起きないと信じることができるからです。しかし、良心にやましさを感じていると、何か悪いことが自分には起きるに違いないと不安を感じ始めます。お仕置きを受ける想像がつきまとい、そのことを怖がり、あまり安全だと感じられなくなります。

たとえばコンステレーションのトレーニングに招かれた講師が、前夜ビールを飲みすぎて、二日酔い気味な上に準備不足で会場に臨んだとしたら、主催者に対してやましさを覚えて、その講師は距離を置きたくなります。でも、十分に準備を整え、前夜はビールなど一切飲まずに早くに寝て、万全の状態で早めに会場を訪れたら、良心に照らして誇らしく感じるでしょうし、自信を持って主催者とも、参加者とも、もっと近づきたいと感じます。

キリスト教徒にとって、それは神に対する姿勢と同じことです。夕方には祈らなくてはなりません。神に向かって自分の犯した罪を告白しなくてはならないのです。神に向かって自分の罪をすべて告白してしまうと、良心に心地よさを覚えます。小さな子どもは、神が私たちのやっていることを全部見透かしていると考えます。親も、自分がやっていることすべてを見透かしていると考えています。やがて大人になるにつれ、「神は別に罰を下さないし、嘘をつくのは意外と役に立つ」と、気がついていきます。小さな子どものうちはそんなことはわかりません。幼い子どもたちは真実を伝えたいと思っています。嘘をつくという概念は五歳くらいになってから芽生えます。自分が嘘をつき始めたのは何歳だったかを覚えているでしょうか。

「良心」とは何でしょう。ヘリンガーが興味を持ったのは、自殺についてクライアントが話しているときに、彼らが顔に微笑みを浮かべることだけではありません。もともと神父だったヘリンガーは、その視点からクライアントに「もし、あなたが自殺をするとしたら、あなたは良心に照らし合わせてやましさを覚えますか、それとも良心に心地よさを感じますか」と尋ねました。ホーネン自身は神父でもなく、宗教家として訓練を受けたわけでもないので、自分だったら決してクライアントに対して「良心に照らして心地よさを感じるか、やましさを感じるか」などといった質問は思い浮かばなかっただろうと述べています。しかし、かつて神父だったからこそ、ヘリンガーにはこの質問が湧き出たのです。それに対し、ほとんどのクライアントは「自殺をするとしたら良心に心地よさを感じる」と答えました。彼らは微笑み、彼らは「良心に心地よさを感じる」と言います。それはとても不可思議で、妙な反応でした。

ヘリンガーの中で、その疑問は大きく膨らみました。それがどういう意味なのかを理解するために、五年、六年という年月を要しました。『インサイト』(5)という本の中に彼の論文があり、良心の範囲（Limit of Conscience）、もしくは制限と訳すかもしれませんが、それについての考察が書かれています。しかし、それを理解するのは非常に困難です。それはドイツ人がドイツ語で読んでも理解するのはなかなか難しいのです。

ホーネンがコンステレーションのトレーニング・プログラムを作り上げ、教え始めた初期は、ヘリンガーの良心についての解説を生徒たちにうまく伝えることができませんでした。そこで、ヘリンガーが良心について講義をしている映像を見せました。実際に話しているのを生徒が直接見たらわかってくれるかと期待したのですが、あまり上手く行きませんでした。見せられている内容が何を意味しているのかが生徒たちにはわからず、ホーネンにありとあらゆる質問を浴びせかけました。その経験から、彼自身が解釈した内容を例として提示し、生徒に実際にやらせることで、その意味を体験させる独自の方法を編み出していきました。

①「良心」の誕生を考える

過去にさかのぼって、たとえば、数百世代前にさかのぼったとします。あなたの後ろには父親がいて、母親がいて、祖父母がいて、曽祖父母がいて、何百万人以上の祖先が後ろに並びます。誰であっても、それ程の祖先を持っているわけです。

古代、人々は地球上の様々な場所で、今のような便利で美しい都市ではなく、小さな集合体を作り住んでいました。それは三十人、四十人、五十人程度の共同体でしかありませんでした。そういった共同体はいまなお存在します。たとえば、南米の熱帯雨林やアフリカに行くと、未だに人々はそのような集落を作り、そこで過ごしています。今、私たちがそのような四十~五十人程度の集落の中で暮らしていると想像してみてください。十八人の男、二十二人の女、そして十二人の子どもがいます。そのグループでの中心となる気にかけるべき問題、重要なこととは何でしょう。原始の時代、それは生き残ることです。

私たちは動物を殺して、果実を収穫して、外部の獣から自分たちの身を守ります。山の向こう側にもそういう集落があり、彼らが時折来て、自分たちの女性を連れ去ってしまいます。敵です。彼らは女を連れ去るだけではなく、私たちの集落の男を殺し、食べ物を奪って行ったりします。私たちは自分のグループを守らなくてはなりません。だからそこにいる全員が、自分が何をすべきかを完全に把握しています。それについて、討論する必要はないのです。そこにいる集落の住民には心理療法的なセッションは必要ありません。自分たちに危険が迫っているとき、全員が何をしなくてはならないかを瞬時に理解します。小さな子どもたちですらそうです。彼らは泣いたりしません。熱帯雨林に住んでいる人々の、母親の胸に抱かれている子どもたちは本当に静かです。母親が静かにするように言うと、子どもたちは本当に静かになってしまいます。もし、全員が自分の役割を全うするなら、このグループは生き延びることができます。このグループが生き延びれば、一人ひとりがまた生き延びることになります。単独では生き延びることはできません。食料を手に入れることができず、身を守ることもできません。生きていくためにはグループが必要です。

私たちはグループを統率するリーダーを持ちます。たとえば彼をグループのリーダーとしましょう。**（一人を指す）**彼はすでに三度も戦を経験しているので一番適任です。また彼は、大きな動物を殺す方法をよく心得ている英雄でもあります。しばらくして、彼が年を取って死んでしまいます。私たちは新しいリーダーを見つけなくてはなりません。新しいリーダーが生まれたら、最初のリーダーがやったのと全く同じように彼も指導し、統率してグループをまとめます。そして亡くなった初代のリーダーを讃え、彼を祭り、加護を祈り、そこに食べ物を供えます。二代目のリーダーは食べ物を持ち帰るたびに、先代のリーダーに食べ物を供え、彼の偉業について語り続けます。

三、四世代後になると、もう二代目のことは忘れてしまい、最初のリーダーのことについてだけ語られていくことになります。初代の指導者がグループを守ってくれたのだと。私たちが聞くのは彼のことだけなのです。物事が動いているのは彼がそう望んだからであり、万事はそのように進んでいるのだと人々は思うようになります。彼のために何かを供え続けます。ある種の人たち、ある種の宗教では、自分が授かった最初の子どもを生贄に捧げたりします。初代指導者の祝福を得るために、そのように子どもを捧げてしまう集合体も存在します。自分たちにもたらされるすべてのことは、初代の指導者の貢献のおかげなのだと考えるようになっています。

五十世代も後になると、もうすでに初代の名前もわからなくなっています。彼の墓もどこにあるかわからなくなります。でも、依然としてそのことについて語り継がれています。彼が残してくれたしきたりをそのまま自分たちがやり続ける限り、彼は見守ってくれるだろうと。

このようにして神という概念に導かれて行ったのではないかと、ホーネンは良心を解説する自説を作り上げました。

彼はこのようにも説明しました。

世界中を見渡してみると様々な宗教が存在しているのがわかります。そのどれをとっても何か神秘的な偉大な力という概念を持っています。それは一つの力だったかもしれないし、もしかしたら二つか、あるいはもっとたくさんの大いなる力かもしれません。それはときには太陽だったり、月だったり、自然を神として崇めます。それらの高次の力に対して、誰もがそれぞれに違う呼び名を持っており、それが神という言葉に翻訳されます。それぞれのグループの中心に神を代理する人がいます。カソリックでは法皇がいます。彼は地上にいる神を代弁する人としています。日本では天皇がそこに位置するのでしょう。

それらは同じ概念と考えられます。また、多くの人が漠然と抱いている映像でもあります。しかしながら、誰も本当のところはわかっていないのではないかとも思います。それは遥か何世代も前の話で、そのようにして物事は受け継がれてきています。カソリック教会では、法皇が亡くなると次が選抜されます。しかし、天皇や王、女王の場合は、同じ血族から選ばれることになります。だから、どのように私たちがそのことを認識するかはこの段階での問題ではありません。一方は選考されて選ばれ、他方では、初代指導者の子孫が、かつて初代がやっていたように物事を執り行います。

神の意思に従って行動することで、あるいは、この地上で神の代理人である存在に従うことによって、私たちは自分がこの一族、このグループに属しているのだと表明することになります。このグループの取り決めに従って行動すれば、自分はこのグループに所属している一員であると感じられます。その行為を良心に照らし合わせたときに感じるのは心地よさです。良心にやましさを感じているとしたら、自分がこのグループに属しているかどうかが定かではなくなっているときです。もしかしたら、追放されるかもしれないという不安や、恐れがつきまといます。罪悪感を伴うような行動を取り続けるとしたら、それはこのグループの一員としていられなくなる可能性を強めることであり、それは生存の危機を意味します。

グループから追い出されるなら人は死の危険にさらされます。グループに属していることで生き残ることができるのです。たとえば一人が、グループの残り全員が崇めている対象について、神ではないと言ったとします。あるいは敵をやっつけることに反対したとします。その行為はグループの結合を不安定なものにすることから、グループにとってはその人を追い出す必要があり、その結果その人は死んでしまうことでしょう。

良心に心地よさを感じるというのは、生き延びるということです。他の皆が言う通りに言ったり、行動したりすることで、グループが生き残る助けをすることになり、それはその一人が生き延びることを保障します。しかし、それをやらないことは、グループの存続に危険をもたらし、その人自身の命を危険にさらすことに繋がります。

時代は移り、後の世ではグループの概念というものが変わってきて、子どもたちにとって最も重要なグループはジャングルを生き延びるための一族から、家族へと変わりました。子どもにとって生き残るために、もっとも重要な存在とは誰でしょう。それは父親と母親、両親です。現代ではあなたが子どもを産み、その子を育てたくなければ、養子に出すという方法もありますが、やはり子どもにとって最も重要な存在というのは、実の親です。

五万年前から引き続いている知識や智慧は私たちの細胞の中に、ＤＮＡの中に組み込まれています。両親が何かをしなさいと言い、その通りに行動するなら両親と共にいる家族の領域に所属できたことになり、良心に心地よさを覚え、自分が生き延びるであろうという安心感を得ます。しかし、両親の言いつけに反抗すると、もしかしたら罰を受けるかもしれないという可能性が浮上し、自分の行動を良心に照らすとやましさを覚えます。安全を保障してくれる家族というグループに自分が所属しているかどうかは定かではなくなり、結果として死んでしまうかもしれないという不安を覚えます。それこそが私たちの中に流れている情報です。遥か彼方の祖先から続く、世代を超えて私たちに受け継がれているものです。

②「良心」と「所属すること」がどのようにかかわっているかの実験

ホーネン：ひとつ、試してみることにしましょう。父親、母親、子どもの代理人を立て、一つの家族を設定します。**（女性を一人立たせる）**

（その女性に向かって） この実験をするときに、あなたは自分を二～三歳の小さな子どもだと思ってください。心の中で自分を子どもの位置に置いてください。頭の中で物語を作り出してその中に入らないように気をつけてください。実際の親のことは考えません。トラウマなどとは関係のないただの幼い子どもを想像してください。こちらの二人は、その子の父親と母親という想定です。

さて、両親である彼らがあなたに何かをするように求めます。あなたはそれをします。今、あなたはどう感じますか。

子どもとして立っている女性（以下、子ども役の女性）：いやだ。

ホーネン：ほら彼女は考えていますね。わかりますか。彼女は目を閉じて三秒ほど待っていました。自分の頭の中のドラマに入っていったわけです。では尋ねます。あなたはそれがいやで、どうするのですか。

子ども：でも、従うしかないので。

ホーネン：今の答えは、二歳の子どもが考えるようなことではありません。あなたは、あまりにも思考の中に入り込みすぎています。私が思うに、あなたは十代の反抗期にいるようです。

では、あらためて想像してください。今、親たちが彼女に何かをやるように言います。でもこの子はやりません。そうすると何が起きますか。彼女はこっちの方（**両親に近づく**）に進むのでしょうか、こっちの方（**両親から離れる**）に行くでしょうか。どんな感じですか。こっち（**両親から離れる**）ですね。

次に何が起きますか。この子どもに何が起きるのでしょう。考えてみてください。五万年前です。彼女は死んでしまうでしょう。彼女の動きはこの場所からもう出て行きたいといったものでした。彼女は大変良い例を見せてくれています。（**子どもとして立っているはずの女性に**）あなたは自分が中心に定まっていると思っていますが、実際のところは違います。あなたは自分の中にある、自分の親のイメージを見ているだけです。あなたの行動の理由を私に示してくれますか。なぜ、この子は親の言うことに逆らわなければいけないのでしょう。その理由を教えてくれますか。何か理由があるのですか。（**皆の方を向いて**）一歳の子どものやることを想像すると、そんなことをする必要はないと私は思うのです。彼女は自分が子どもの頃の、自分と親との関係をここで再現しているようです。

もちろん私たちの全員に、親の言うことなんか聞かないと言わなくてはならない時期は来ます。それは必要なことです。なぜなら私たちは成長して、自分を発展させていかなければいけないからです。いつまでも子どもが親の求めに応じてイエスと言い続けていたとしたら、彼女はいまだに親のいい子として、いうなりでいることでしょう。適切な距離の関係を築くためには、ノーと言わなければならない時期が来ます。その時点で十八歳だったり、二十六歳だったり、三十五歳であれば生き延びることができます。でも、二歳や三歳の子どもは生き延びることができません。今、ここで（子ども役の女性に向かって）自分の物語から、自分を抜け出させてください。

両親はあなたに何かをやってくださいと言います。あなたの中のイメージは何ですか。何をさせようとしていますか。あなたに浮かぶイメージは。親があなたにさせようとしていることは何でしょう。二歳の子どもに対して何かをするように求めています。（子ども役の女性の考え込む姿）

また考えていますね。見えますか。彼女は思考の中に入り込んで行って、脳は巨大な機械として働いています。彼女が賢いのはよくわかっています。でもここで自分の賢さを見せる必要はないのです。頭が働き続けています。これは例として行っているのであって、ここでのデモンストレーションに思考を働かせる必要はないのです。私はこの過去五万年の脳の働きについて説明しているわけではないからです。私が説明しようとしているのは、無意識に作用する生命が従おうとする基本的なルールについてです。私たちを突き動かしているものです。コンステレーションを用いて、脳の働きをクライアントに見せることではありません。ファシリテーターがクライアントや生徒のためにできるのは、無意識の働きを見せることです。あなたがファシリテーターだとして、もし、思考の中にあまりにも入り込んでいるクライアントと出会ったとしたら、まともにコンステレーションはできないものと諦めてください。これは知性に働きかけたり、説得したりするようなセラピーではないのです。ここで必要なのは、本当に思考を脇に置いて、そこから出てしまうことなのです。頭で考えることから、自分の内側を感じることに意識を向けてください。

想像してください。私はたった今、あなたの頭に注射をしました。それであなたの頭は一分間機能しません。機能しているのはあなたの感覚のみです。いいですか。あなたの思考をこの部屋の外に追い出してください。

いいですか。

両親を見てください。今、親は二歳の子どもに何かをするように言います。

子ども役の女性：何か引き継いでほしい。

ホーネン：また頭です。脳です。彼らは二歳の子どもにできることをやってほしいだけです。もしかしたらごはんを食べてほしいのかもしれません。パンツを履いてほしいのかもしれません。そんな難しいことではないのです。親は自分の娘が大変賢い脳みそを持っていることなど知りません。彼らが望んでいることはご飯を食べてほしいことだけです。あなたは食べます。そうするとどう感じますか。

子ども役の女性：美味しい。

ホーネン：あなたの内側から出る動きはどんなものですか。考えないでください。あなたの内側から出る動きは何ですか。

子ども役の女性（以下、子どもと表記）：嬉しい。

ホーネン：その動きはこっちに行く（両親の方向）ようなものですか。こっち（両親と反対の方向）に行くようなものですか。

（子ども役の女性が両親に近づく）

私たちは親がしろと言ったことをやるとき、所属していると感じ、心地よく感じ、守られていると感じます。親がしろと言っていることをやらなければ、私たちは距離を感じ、自分が所属しているかどうか定かには感じられなくなります。もしかしたら、お仕置きをされるかもしれないと思います。

これが、「個人的良心」がどのように作用するかということです。このように行動すると良心に照らすとき、人は心地良さを感じ、その人はこのグループの一員で、反対側のこちらの状態では、私たちは良心にやましさを感じます。これはいつも、そのときに所属しているグループに対して起きることです。のちに子どもは成長して、個人的良心というものも持つようになります。「今はご飯を食べたくない」と言うことができるようになります。しかし、幼い子どもにとっては選択の余地はありません。それを人生の最初の三年、四年、五年とかけて学ぶのです。

成長した彼女は、ある日路上で同級生に会います。その友だちは赤と白のマルボロというタバコを持っています。そして、あなたも一本どう？と誘います。なんだかかっこよくて密かに憧れていた同級生です。その友だちはあなたにタバコを渡して、そこであなたは一本に火をつけて煙を吸いこもうとします。あなたはどう感じますか。

子ども：両親に対して何か悪いなと思います。良心の呵責を感じます。

ホーネン：それは親に向かってですね。彼女に対してはどうですか。

子ども：仲間だという感じです。

ホーネン：彼女に対してあなたの良心は何を感じますか。

子ども：近さを感じて、いいことをしたような気分になります。

ホーネン：タバコを吸うと、この友だちのグループに所属しているというふうに感じられます。この秘密のタバコ愛好グループは、ここに一緒にいるときは自分たちの良心に照らし合わせて心地よさを覚えます。でも、家に帰ると何を感じますか。

子ども：悪いなと思います。

ホーネン：彼女は後ろ**（親と反対の方向）**に退きたくなります。彼女は良心に照らしてやましさを覚えています。彼女は、自分が親のグループには属していないと感じてしまうかもしれません。なぜなら、この家族は夕バコを吸わないからです。

想像してください。その友だちに言うのです。私の家族は夕バコを吸いません。だからもういりません。

子ども：私の家族は夕バコを吸いません。だからもういらない。

ホーネン：友だちに対してどう感じますか。

子ども：なんだか申し訳なくて、気まずいです。

ホーネン：そうすると彼女はもう、この夕バコを吸うグループに属しているかどうか定かではなくなります。でも家に帰ると、彼女は親に言います。誰かが私に夕バコをくれようとしたのだけれども、私の家族は吸わないからと断ったの、と。

それを言ったとき、あなたは親に対してどう感じますか。

子ども：誇らしくて、近く感じます。

ホーネン：そうすると、あなたはここでは夕バコを吸わなかったことで良心に心地よさを感じるのですね。それが何を表しているかというと、こちらの親が作った家族というグループでは夕バコを拒否するという行動をとると、彼女は良心に心地よさを感じます。しかし、こちらの友だちのグループで夕バコを吸ったなら、こちらでも良心に心地よさを感じます。夕バコを吸うという一つの行為が一方では良心に照らすと心地よさを覚えさせ、もう一方ではやましさを感じさせます。

これはとても重要なポイントです。良心は一つだけではないということです。良心にはたくさんの形態があります。それはいつもどのグループに自分が属しているかによります。神はここにもいて、また、神はあちらにいることもできるわけです。良心というものは、それは高次の意識とは無関係で、また神によるものでもないのです。どのグループにいるかによって決まるのです。

良心とは目に見えない、隠れた社会的な感覚です。それはどのグループに所属しているかによるもので、私たちは異なったグループそれぞれに対してバランスを取ろうとします。たった今、見たようにです。これを非常に重要なこととして認識してください。

彼女はタバコを吸うことで、友だちとの間では良心に心地よさを感じます。そして家に帰って親に「タバコを吸ったのか」と聞かれたら、彼女は「いいえ」と言います。なぜなら彼女はこの家族の一員として所属したいからです。彼女は罰を受けたくありません。家族から除外されたくないからです。

秘密のタバコ愛好グループの友だちから「あなたは親にタバコを吸ってるって言った？」と聞かれたとします。彼女は答えます。

「言ったわよ。私は親にタバコを吸うって、いつも言っているもの」。

彼女はこちらのグループにも属したいのです。だから色々なグループによって、私たちは話し方を変えます。それが全く逆のことだったとしてもです。

ある男性は自分の通う教会に行ったときには、まるで宗教的な人間のように振る舞いますが、自分の所属するサッカークラブでは教会のことは鼻にもかけないような態度をとります。彼はまた、男同士数人でいるときは、普通の男が女について話をするように女の話をします。でも、妻と一緒にいるときは、男の仲間といるのとは違う態度で話します。そのように多くの人はいつでもそれぞれのグループに所属したいわけです。

良心に照らし合わせて感じる心地よさを、人は一つのグループの中だけではなく、自分が所属するすべてのグループで同じように感じたいものです。人生の最初の五〜六年がそのような無意識を形成する時期であり、その頃に親は最も重要な存在となります。

③ 個人的良心

家族とはただ血の繋がりがあるだけの個の人間同士の集まりというよりも、もっと大きな有機的エネルギーの集合体であり、それは面識のあるなしや、時間的な制約を超えています。生命を持つ個体が集まりグループを形成すると、そのグループ自体が一つの生命体として機能し始め、グループ内にはある種の秩序を持って調和を求め、存続していこうとする自発的な動きが生じます。グループという生命体自体にも誕生から死へと向かう過程があり、そのグループの個性と生命力によって存続する時間は異なります。

グループに所属することが生き延びる助けをするのに必要なことであると、私たちは本能的に認識しています。そのため、グループ自体の存続が生命維持にとって重要な意味を持ちます。グループの存続を守るためには以下のような秩序が必要となります。

●グループの存続を守るための忠誠心

（例）多くの種は群れを守ろうとします。水牛の子どもがライオンに襲われた場合、母水牛や群のリーダーは単独で、あるいは群を率いてライオンから子どもを奪い返そうとします。しかし、子どもを奪い返そうとする行動が群れそのものを危険にさらすとなると、リーダーは後先を考えずその瞬間に必要なことをします。グループの結束が固ければ固いほど、そのグループに所属する個体が生き残る確率は上がります。群れの存続を最優先させる判断は種の保存への忠誠心にあります。

人間の結婚、妊娠、出産などの家族が増える出来事があると、それは当人だけではなく、家族に喜びをもたらします。それらの出来事が生命に寄与し、自分が所属する一族の存続に貢献する行為や出来事となるからです。

●良心はカップルの間にも作用する

（例）浮気は浮気をした当事者に後ろめたさを感じさせます。夫婦、カップルは家族というグループの最小単位であり、そのグループの存続を危うくさせる行為はやましい気分を生じさせます。

●良心は「我々と彼ら」「私（たち）と他のグループ」という分離を引き起こす

（例）自分が所属するグループが生存競争で生き延びることが、グループに所属する一人ひとりが生き延びるために重要であることを私たちは知っています。国が戦争に巻き込まれた場合、戦場において兵士は、敵国兵士に対し個人的には何の恨みもなくても相手を倒さなくてはなりません。戦いを拒否する兵士が多ければ、その国は敗北し、自分の家族が虐殺され、国は滅亡する危機に陥ります。兵士としての務めを果たすこと、敵国兵士を倒すことは、国という自分が所属するグループが生き残ることに貢献します。敵国兵士にとってもそれは同じことです。

国同士の戦いではなく、宇宙人対地球人類の生き残りをかけて戦うという問題となると、それまで戦っていた敵国同士はともに力を合わせて地球人類としての生き残りをかけて宇宙人と戦うことになります。戦いに関わることを避けた場合、その後生き残ったとしても自分を恥じることになります。

●個人的良心における善と悪とは、普遍的な善悪を指し示すものではない。私たちに対する善か悪か、彼らに対する善か悪か、自分の所属するグループにとっての善か悪かという問題でしかない

（例）結婚している人が夫／妻以外の相手と仲良くすると、中には例外もありますが、通常配偶者は自分の所属している結婚という形態のグループの存続が脅《おびやか》された、攻撃されたと感じ、夫／妻の相手に対して敵意が湧く、あるいは排斥したいという感覚を持つなど、相手の存在を悪いものとしてとらえます。

●必要以上に誰かが与え過ぎたり、受け取り過ぎたりしないように均衡をとる

（例）夫婦、パートナーシップ、友人関係のどれであっても、どちらか一方が与え過ぎたり、つくし過ぎたり、面倒をみ過ぎている場合、それは依存関係であって対等ではないため、いずれ破綻します。適切に与え合い、受け取り合うキャッチボールのような関係であれば持続は容易です。

●共通の規範を守ることで次に何が起きるかの予測が立ち、グループが安定する

（例）一つのグループに所属しているメンバーの全員が、それぞれ自分一人で決めた規律に従っていたとしたら、そのグループは常に混乱した状態となります。その混乱の原因は規律が共有されていないために、誰も知らないというただその一点です。サッカーのチームメンバーの全員が、誰にも相談せずに自分の方が監督よりもサッカーをわかっていると考え、それぞれが監督は必要ないと自分流を貫いていたとしたら、一体どんなゲームになるでしょうか。

このように、秩序を維持するために規範を守るとき、私たちはグループの存続に貢献していると感じ、その行為を自分の良心に照らし合せると誇らしく感じたり、自信をもったり、良いことをしているという自負を感じます。しかし、規範に背いて自分勝手な行動をとると、グループの存続を脅かしたと感じ、自分の態度を良

心に照らし合せるとやましく感じたり、後ろめたく感じたりします。

これらの自分が感じる良い気分や悪い気分とは、自分がどのグループに所属しているのか、どのグループに対してより強く忠誠心を持っているのかを指し示すものです。このことを理解するなら、良い気分や感覚、悪い気分や感覚は私たちを振り回しているのではなく、私たちが指標として使うことができるものと言えます。グループの存続とそこへの所属を守ろうとするこの働きを、私たちは個人的良心として認識します。

④ 仕事における所属と個人的良心

血縁ではない、例えばビジネス上の組織であっても、有機的なエネルギーの集合体であることに違いはありません。そのようなグループでは、家族という血縁での繋がりとは少し違う結びつき方をしています。家族の場合、生命が宿った瞬間から居場所は与えられますが、血縁ではないグループの場合は、そのグループが存在するための目的に合致した行動をとっている間は居場所があります。その目的に反する行為をすると居場所を保持するための力は失われていきます。

（例1）経済活動を行う企業の営業職が、もしもやる気を無くしてしまったなら、顧客は離れていってしまうでしょうし、新たな顧客を開拓しようとしなければ、給料だけをもらってただ会社に養ってもらうことになってしまいます。利益を生み出すことは雇用を生み出し、その利益は循環し、その組織は継続可能となります。しかし、そのような社員が増えてしまうと、会社（というグループ）は存続の危機にさらされます。その社員の仕事への姿勢が変わらなければ、会社の存在理由に貢献していないことから、共通の規範に逆らっていることになり、その人は徐々に会社の中で居心地の悪さを感じるようになっていきます。そして、いずれ居場所を失うことになるでしょう。

しかし、その人が一念発起して顧客の必要を感じ取り、求められるものを提供するために心を尽くすようになるとすれば、その人の仕事ぶりを求めてそれまでの顧客は継続し続け、評判によって新たな顧客を得るようになり、営業成績は上がり、それは会社というグループの存続に貢献することになります。結果として会社にもより必要とされる存在となっていくのです。

（例2） 血縁ではない集合体には、その組織が存在していくための理由や目的が必要です。その理由が組織を組織として結合させ続ける力となります。組織という一つのグループが、その業務を通して社会というより大きなグループに貢献する意図を持っているかどうかが重要で、その意図は理念として組織のメンバーに共有される必要があります。一つの肉体に当てはめてみるなら、理念は心臓部分となり、経営者や執行役員は頭脳部分、組織の様々な部署とは器官であり、経済は血液といえます。

理念を持たず経済的利益のみを追求した場合、心臓を持たずに血液ばかりを生み出そうとするようなもので、そこに所属するメンバーはいずれ疲弊していくことになります。金銭とは目的を達成するための手段にすぎないため、手段を目的と勘違いした経営者は、舵取りに困難を覚えることになるでしょう。

会社などの組織も、より大きな組織である社会の一員として、その安定と秩序の維持に貢献し続けているときに、その組織自体が良い気分に覆われ、自分たちの行動すなわちその組織の業務そのものを誇らしく感じ、その空気は社内に浸透していくことになります。それは所属する社員、組織員の自尊心を高めます。

⑤ システム上の良心

家族システムの中に一度でも所属した人は、誰であっても居場所が与えられます。そしてシステムは、それ自体を完全な状態に保とうとする力を持っています。祖父母は父や母より先に生まれ、父や母に生命を与えた人たちで、父や母よりも大きい存在です。孫は決して祖父母と対等になることはありません。兄弟の第一子は幼くして亡くなっても第一子で、第二子が代わりを務めることはできません。祖父が暴力を振るったとか、祖母が病弱だった、早逝したというようなその当時の状態と序列は無関係であり、不変です。

（例）生まれたばかりの男の赤ちゃんが亡くなりました。父親と母親はそれぞれ悲しみに耐えられず、その子のことを思い出さないようにすることで乗り越えようと努めました。その二年後に生まれた弟が第一子の長男として育てられ、本人も自分を長男と信じて育ちました。しかし、何をやっても中途半端にしか達成できず、長男への期待に応えられないことで苦しみました。自分には兄がいたことを知り、育つことなく亡くなった兄を思い、兄の居場所を心の中に作ることで、自分は次男であり、次男として生きていいと自分自身を許すことができました。兄もまた、自分のことを思ってくれていると感じることができるようになってから、人生は軌道に乗るようになりました。

家族システムには序列があり、その序列を守ることで秩序が保たれます。先に生まれた者は、後に生まれた者に対して優位（上位）を得、より与える側となります。後に生まれた者は先に生まれた者から受け取り、保護される立場を得ます。

（例）ある男性は大学を出て就職したのに仕事を数日でやめ、以後数年、引きこもり、その後は父親に無心することで暮らしていました。中年にさしかかろうという年齢になって、そのままではいられない焦りからワークショップに参加しました。その男性の祖父は、父が祖母のお腹の中にいるときに出征し、南方の戦地で亡くなり、遺骨も戻ってきませんでした。幼い頃に父親の隠れた寂しさを感じ取っていたその男性は、父の隠れた寂しさを埋めるために無意識のうちに祖父の代わりを務めようとしていました。祖父にできなかったことを自分がやる、ずっと父親のそばにいる、決して離れないという隠れた決意が引きこもりの理由でした。祖父の思いを知り、感じ取り、自分は孫にしか過ぎない、そして祖父は孫の自分を守るためにも戦ってくれたことを理解しました。初めて頭を垂れ、身を小さくして祖父の愛情を受け取る身体感覚を得て、祖父の孫、父の息子としての場所に立つことが可能になりました。正しい順位、序列に則ることで、世界が広がり明るくなることを感じたのです。

家族の中の誰かや、組織の中の誰か、あるいは自分の所属するシステムの中の重要な要素が、その家族に所属している人たちの意識から除外されているときには、システム自体が本来の状態に戻ろうとし、除外された存在に居場所を与えようとする力が作用します。

（例）ある男性が紹介されて出会った女性と婚約をしていましたが、その後に出会った女性に惹かれ、婚約を一方的に破棄しました。そして結婚し、女の子が生まれました。過去に婚約していた女性のことはその男性の脳裏に上がらなくなりましたが、子どもは無意識下で父親に忘れられた過去の婚約者と同一化し、母親と父親を取り合う娘として成長することとなりました。

家族システムは、誰かに居場所を与えるために犠牲を払った人がいると、たとえ血の繋がりがなかったとしても、尊重や敬意、あるいは感謝という形の居場所を取り戻させようと作用します。

たとえば、システムの維持に貢献した誰か、もしくは、不当に扱われてシステムから除外された誰かがいるとしたら、そしてその誰かが忘れられたままになっているとしたら、後の世代の心優しい子どもがその除外された存在と同一化するか、その誰かを代理しなくてはいられないというシステム上の圧力にさらされることになります。その力は強力です。

「システム上の良心」とは、これらの居場所を失っている存在に対して、システム自体が居場所を取り戻させようとする力のことです。

厄介なのは、私たちにはシステム上の良心の作用を感じることができないため、ある特定の行動に駆り立てられているときに、本人にはその原因を突き止めることができないのです。通常、そのような力が作用しているときは、絶対に自分が正しいと信じているか、あるいは強い正義感に突き動かされているように感じているため、相手の非ばかりが目に付きます。

(3) 感情

① 一次感情

コンステレーションの現場で重要となるのは一次感情、もしくは原初的感情と呼ばれるものです。代理人を通して、またはクライアント本人に一次感情が現れると、その場にいる誰もが心を打たれ、ときに感動がその場を覆います。一次感情、原初的感情とは、主に根源的、本質的な、死や絶望と隣り合わせの悲しみとして認識されます。

赤ん坊はお腹が空いても自分で食糧を調達することができません。オムツが汚れても自分で替えることはできません。寒くても、どこかが痛くても、泣いて助けを待つ以外に手段がありません。赤ん坊にとっては気づいてもらい、ミルクを与えられ、オムツを替えてもらい、温かく抱きとめてもらうという、生きる手助けを受けることそのものが愛なのです。必要なときに誰も気がついてくれず、泣き声が無視され続けるとしたら、あるときを境に子どもは諦めて自分を表現しなくなります。空腹でも放置され、汚物にまみれたまま誰からも忘れられていたら、凍えていても気づかれないとしたら、痛くても無視され続けるなら、いずれ赤ん坊は死にます。

一次感情とはそのような絶望や死ぬかもしれないという感覚、つまり自分は愛されていないという恐怖と隣り合わせの感情です。人は一次感情を感じることを避けようとします。一次感情を感じるということは、自分は愛されていないという痛みを伴う感覚と直結するからです。

②二次感情

二次感情は、苦痛と隣り合わせの一次感情を覆い隠すためのカモフラージュとして使われます。怒り、わめき、大げさに悲しみを表現することは、絶望的な感覚から目を背ける助けをします。愛されていないという可能性を感じることを避けるために、人は「なぜ、あなたは○○してくれないの！」「あなたが○○してくれないから私はこんなにも不幸だ！」と怒ります。それは、つまり「なんで私を愛さないの！」という意味です。

コンステレーションの現場では、たとえ代理人を通して表現される感情であったとしても一次感情が現れ出たときには、参加している者の全員が心に響くなんらかの体験をすることになります。しかし、代理人であっても、クライアント本人であっても、そこに現れ出る感情が二次的な感情ばかりという場面では、それがどれほど劇的に表現されていたとしても、他の参加者はあくびをしたり、居眠りをしたりするなど集中力を失っていきます。ファシリテーターの仕事は、一次感情に接近しても死ぬことはないと、クライアントが近づき、向き合い、通過する手助けをすることです。自分は愛されていないという、恐れと幻想を手放すためのお手伝いです。

感情とはコインの裏表のようなもので、痛みを伴うからといって本質的な感情を避けている限り、純粋な喜びや幸福感も感じることができないままとなります。自分らしく生きている感覚がないという理由でコンステレーションのワークショップに参加する人がいますが、その大部分の人たちは自身の根源的な痛みを感じないように、お手柔らかに人生を取り戻させて欲しいと望みます。

③ 罪と罪悪感

私たちは通常、罪と罪悪感を同じものとして扱いますが、実際には罪と罪悪感はそれぞれ関連するけれども別のものとしてとらえる必要があります。これらは一次感情と二次感情に似た働きをします。罪とは、その罪を犯した人がその事実から逃げずに誠実に向き合い、自分の責任を認めたときに、何か善いものを生み出す力の源泉へと変容を遂げます。そのときに口にする祈りの言葉はこのようなものです。

「私がやりました。それは誰のせいでもなく、私がやったことです。私はそれを自分のものとして背負って生きていきます。そして、必ずそこから何か善いものを生み出します」。

このように言葉にすることで、犯した罪は消えないとしても、そこから建設的な、創造的な何かを生み出す力が自身の内側に湧き上がるようになるのです。真の後悔とは、驚くほど前向きな力を与えるものとなり得ます。

一方、罪悪感とは、自分が何か悪いことをしたという自覚があるにもかかわらず、その事実をなかったことにしようとしたり、あるいは他人のせいにしたりして、自ら責任を取ろうとしないときに意識の背後につきまとい、常に力を失わせるものです。他の誰も何があったのかを知らなかったとしても、本人にやってしまったことへの自覚があり、そこから逃げている場合、当の本人は自分に嘘をつき続けることになります。そうすると、その人の人生は嘘を基盤としたものとなっていきます。一時の保身が人生を不完全燃焼に終わらせる力を持ちます。

④ 幾つかの罪悪感

日本国内で検証を重ねてきた結果から、罪悪感には四通りあるという仮説を現時点では立てています。第一は、自分が犯した罪と真摯に向き合っていないために力が湧かない状態です。

第二は、罪悪感は必ずしも自分が犯した罪によるものとは限らず、自分が生まれる前に親や祖父母が犯した罪を自覚のないまま引き受けている場合です。親や祖父、あるいはもっと以前の世代の誰かの罪悪感を無意識のうちに背負い、償わなくてはいられない、何かを埋め合わせし続けなくてはいけないと駆り立てられるような感覚です。

家族システム上で罪悪感も受け継がれるということです。たとえ自分が犯した罪ではなかったとしても、自分の一族の誰かが犯した罪と認め、そして自分が犯していない罪は償うことができないと認めることでも、建設的な力、創造的な力と繋がることは可能です。この過程を円滑に進ませるためには家族背景を調べ、家族の歴史に何があったかを知っておくことが役に立ちます。

ここまではヘリンガーやホーネン、他の諸先生から学んできたことですが、日本国内で経験を積んでいく中で新たな発見もありました。いくら罪と真摯に向き合っても、決してなくならない罪悪感が存在することを何度も目撃しました。それに気づき、そのことについて繰り返し検証を重ねていくうちに、一つの仮説が立ちました。

第三の罪悪感とは、自分の国が他国や他民族に対して国家レベルで犯罪を犯したと信じているときに、無意識のうちに国の罪を背負い、国民の一人として罪悪感が付きまとうという状態です。しかし、この三番目の罪悪感には問題が隠されています。実際に、国家が犯罪行為に走っていたのであれば、自分の家族が罪を犯したときと同様に、その国の一員として罪と向き合うことで、そこから善いものを創出していく力と繋がることができます。しかしながら、自分の国が政治的宣伝（プロパガンダ）に巻き込まれているとき、無意識のうちに国への愛や忠誠心のために罪を背負っていたとしても、そもそもその罪に実体がない場合もあります。政治的宣伝による暗示から罪悪感を抱いている場合、どれほど父や祖父や叔父がやったであろう罪や国の罪を認め、真摯に向き合ったとしても、善いものを生み出すための力が湧くことはなく、終わりもありません。その罪悪感は植えつけられた暗示であって、罪の事実がないため、真剣に向き合おうという行為は虚空に向かって腕を振り回すようなものです。

政治的宣伝の影響例としては、「カティンの森事件」というものがあります。

一九三九年九月、ポーランドはドイツとソ連の両国から攻撃を受けて分割占領されました。ソ連軍に降伏したポーランド軍人捕虜と民間人は百万人以上がシベリアや中央アジアに送られたのですが、二万二千人の将校、国境警備隊員、警官、官吏、聖職者がソビエト連邦（ロシア）グニェズドヴォ（Gnyozdovo）近郊のカティンの森（Katyń）でNKVD/ソ連内務人民委員部（後のKGB）によって虐殺され埋められました。戦後五十年間その犯行はソ連によってドイツがやったこととされ、英国、米国もその事実は突き止めていましたが、事実の公表を避けていました。ポーランド赤十字と国際委員会の調査が行われたことで、一九九〇年四月十三日に当時のソ連大統領ゴルバチョフがスターリンの犯罪の一つであると認め、公式に謝罪しました。ドイツは早い段階でその事実を調査済みでしたが、敗戦国となったために主張することができずにいました。戦後生まれのドイツ人はそのような事件の真相を知らされることはなく、犯していない罪に対しても罪悪感を覚えるように国際的な風潮が出来あがっていきました。

このような政治的な情報操作によって植えつけられる罪悪感は、コンステレーションを用いて何度誠実に向き合おうとしても、願うような結果をもたらしません。想像で創り上げられたドラマに対して誠意を示したとしても、一時的に自分に暗示をかけ直す程度の効果しかなく、数日後には再び言いようのない、根拠のない罪悪感がつきまとうようになっていきます。

第四の罪悪感とは、意識のより深い領域に隠れているもので、第三の罪悪感として説明した政治的宣伝によって植えつけられた偽の罪悪感に関連するものです。政治的宣伝を信じ、実体のない罪悪感を抱いた人は、往往にして両親や祖父母、叔父や叔母、あるいは自分の国に対して罪を犯したに違いないと決めつけ、批判的な目を向けるようになります。もし自分が両親や祖父母、叔父や叔母、そして国の行く末を決める権限を持つ立場にいたなら、もっとましな選択をしたはずだと私たちの意識の内側の子どもの魂は想像します。

しかし、その意識層よりももっと深い領域においては、私たちの魂は真実の香りを嗅ぎとっているものです。濡れ衣を着せた上で批判し、裁いていると、意識の奥の深い領域では感じ取っているため、自分が非難する対象に極めて微妙な申し訳なさも同時に感じています。それは自己否定感を生み出し、自己の内部が分離していくような感覚ともなります。なぜならそれは政治的宣伝をした相手側の言葉を鵜呑みにし、相手の肩を持ち、調べようともせずに思い込みで身内を責める、裏切りの行為となるからです。

ただし、それは想像を超えるほど微細な感覚なので、非難されるべき根拠がなかったことを知り、その批判的な眼差しが氷解した瞬間に初めて、後悔の涙とともに感じ取られます。

(4) 子どもの心

① 自己中心性という世界観

母親や父親が何か痛みや苦しみを抱えているなら、子どもは密かにそれを感じ取り、「お母さん、私が代わりにその痛みを背負います」、「お父さん、私があなたの苦しみを引き受けます」と無意識下で言い、無意識下でそれを実行します。

「お父さん、お母さん、あなたの代わりに私がやります」と、なぜ子どもは言うのでしょう。

クライアントとしてワークショップやセラピーに来る人が、かつては子どもだったことをファシリテーターは念頭に置きます。子どもの心理の発達についてリサーチを重ね、多くの本を執筆したジャン・ピアジェ（Jean Piaget：スイスの発達心理学者、1896～1980）によると、大人が世界を見ているような視点とは全く異なった見方を子どもは持っています。

　この世に生まれ落ちて、成長していく過程で、子どもは世界と関わりを持ち始め、世界について学び始めます。いろいろなものと繋がっていく道のりの上で、自分自身を見つけていくのです。人生の最初の五年間、私たちは自己中心性[6]的世界観の中で生きています。

　この人が私のお母さんだとします。（座っている女性を指す）なぜこの人が私のお母さんかというと、私が触るからで、私がここにいて、この人がここにいるから。そのように子どもは認識します。

　この人が私のお父さんです。（座っている男性を指す）なぜ私のお父さんかというと、私が触るとこの人がここにいることがわかり、私がここにいて、この人がここにいるからです。

　私はこれに触る。（大きな何かに触れる仕草）それがここにあるから、私が触る木がそこにあって、私がここにいるから、木がここにあるのです。そのようにして、子どもたちは自分を通して、関係というものを作り上げていきます。それは、私がいなければ、お父さんもここに存在しないということを意味します。「お父さんがここにいるのは、私がここにいるからだ」と、子どもは認識しているのです。それはすなわち、父親の存在には自分に責任があると無意識に感じているということです。なぜなら、「私がここにいるから、お父さんがここにいる」だから、意識で言語化する以前に、自分には責任があると感じているということなのです。

　「私がここにいるから、この物がここにある」。

　ある実験の話です。小さな子どもが部屋の中で遊んでいます。積み木でお城を作っています。すると外で大きな音が聞こえました。何か交通事故が起きたようです。子どもに尋ねます。「なぜあんな音がしたのだと思う？」。子どもは言います。「私の手がお城にぶつかって崩しちゃったら外であんな音がしたの」。これが自己中心性です。

子どもにしてみると、ありとあらゆる物について自分を基準に把握していく以外、他に方法はありません。なぜ両親は別れてしまったのか、なぜお父さんとお母さんは喧嘩するのか、なぜお父さんはある日を境に帰って来なくなったのか。幼い子どもに聞いてみたとします。「お父さんが家に帰ってきたときに、私が台所でお母さんと一緒にいるのをお父さんは見て、お母さんが料理しているのを私は手伝っていて、お父さんはお母さんに腹を立てたの。だから二人は喧嘩するの」。このように、子どもとは自己中心的思考の世界に住んでいる生き物です。

世界は自分を中心に動いていて、すべての責任が自分にあると考えます。小さな子どもは、両親がなぜ喧嘩するのかを全くわかっていません。大人が喧嘩をする理由というのはお金であり、時間であり、セックスのためです。小さな子どもは、お金も、時間も、セックスも全くわかっていません。子どもたちは何もかも全部自分のせいだと思います。

喧嘩しているお父さんとお母さんは、どうやったらもう一回仲良しになれるのでしょう。たぶん私が今晩良い子にして、一人で歯を磨いて、早くお布団に入ったら、明日お昼ごはんをちゃんと食べたら、きっとお父さんとお母さんは仲良くなる。小さな子どもとしての私たちは、そんなふうに自分を基準にして考えます。また、悪いことだけに限らず、物事が癒されたり、治されたりすることに関しても自分に責任があると想定します。私が何かをすると、お母さんはきっとまた笑顔になるに違いない。私が何かすると、お父さんとお母さんはきっとまた仲良しになるに違いない。そのように小さな子どもは考えます。「私」が見て、聞いて、触るから、二人はここに存在するのです。自分が生まれる前から父親と母親が存在し、一緒に居て、笑ったり、喧嘩したりしていたことを子どもたちは知らないのです。想像すらもできないのです。

ここで、この観点「お母さん、私が代わりにやります」という子どもが持つ魂の力動を知ることで、コンステレーションの場で起きる現象の意味を理解できるようになります。私たちの中にある小さな子どもの心が、自分がすることでお母さんの役に立つと考えます。

「もし私が代わりに死んだら、お母さんはきっと死なない」。

これが、小さな子どもが持ってしまう思い込みというものです。人生の最初の五年間には、子どもにとって死というものは意味をなしません。たとえば母親が、小さな子に向かって「窓から飛び出しなさい」と言ったとします。ほとんどの子どもが「いいよ」と言うでしょう。そのジャンプがもしかしたら人生の最期のジャンプになるかもしれなくてもです。幼い魂には、死についての概念がありません。

自分中心の感覚は、五歳から五歳半くらいの頃から少しずつ変わっていきます。男の子は少し後で、女の子より四、五ヶ月後に変わり始めます。大人である私たちは、この椅子は自分がこの場にいなくても、ここに存在するということを知っています。それでは、その自己中心性による思考というのは、どこに消えてしまうのでしょう。

現在の心理学の観点では、それは私たちの無意識層にしまい込まれているとされています。この人生の最初の五年間の感覚は無意識層に留まり続けますが、そこにたどり着く方法を私たちは持ちません。しかし、ときにはそれが私たちを突き動かし、特定の行動に駆り立てます。

たとえば、あなたが友人と会おうと思い立ちます。それで待ち合わせの場所を指定します。その待ち合わせの場所に向かう途中でその友人が事故に遭い亡くなったとします。そうすると、あなたは友人の死を、その待ち合わせの時刻と場所を指定した自分のせいだと思います。多くの人がそのように思い、自分を責めます。事故はあなたのせいではないのにです。

あなたは急いでいて、車を運転しながらAの道か、Bの道かどっちが早いだろうと迷った挙句にBの方向をとります。そこで交通渋滞に巻き込まれてしまいます。そしてあなたは、これが判断を間違えた自分のせいだと思います。違います。それはただの交通渋滞です。

あるいは、週末にどこか遠出をする計画を立て、たくさんの友人を誘ったところ、当日雨が降ったとします。あなたは自分の心の奥深くで、「ああ、雨が降ることは予想できたはずなのに」と思い、その日の悪天候に対して責任を感じてしまいます。そのような感覚をあなたは時々持ってしまうはずです。まるで私たちには責任があると、そして、何かを変えることができたはずだと。自分たちの中にある、その自己中心性という子どもが持つ感覚が、自分には何とかすることができるはずだという思い込みを私たちに持たせるのです。

② 盲目の愛

ここに、夫婦がいます。

(男女二人を立てる)

夫と妻です。彼らには子どもがいます。娘です。

(女性一人を加える)

この家族の中で、妻は幼児期に母親を亡くしています。

(女性を一人加える)

妻の母親が亡くなってしまったのは、彼女が五歳の頃でした。その子が成長して、こちらの男性と出会い、結婚して夫婦になりました。そして、この夫婦に子どもが生まれました。こちらの娘です。

子どもが持つ感覚の一つに、「自分の周りに起きることの責任は私にある」という思いがあります。母親の心の中に悲しみがあるのを子どもは敏感に感じ取ります。それをその子どもは自分のせいだと感じます。子どもは自分が生まれる前から母親の心の中に悲しみがあることを知りません。その悲しみの原因は自分が感じているから自分にあるのです。だから、母親が悲しくなくなるのも、子どもにとっては自分の責任なのです。

（祖母が寂しげに立っている所を、母親は離れた場所から悲しそうに見ている。母親は前のめりになっている）。

「お母さんが悲しそう。おばあちゃんの方に行ってしまいそう。でも、私はお母さんがそっちに行ってしまうのは嫌。どうやってお母さんを止めようかな。なぜなら、私にはそれができるもの。

そうだ、そういえば私には、おばあちゃんのそばに行っておばあちゃんが寂しくないようにすることができる。

私がその場所に行っておばあちゃんを寂しくなくすれば、お母さんには心配がなくなる。

そうしたら、きっとお母さんはもう悲しくなくなる。

私がそこに行かなければ、お母さんがおばあちゃんのところに行ってしまうかもしれない。

お母さんがいなくなってしまうのは嫌。私がお母さんの代わりに行けばいいんじゃない？

そうしたらもうお母さんは行かなくて済んじゃう。お母さんは残ることができる」。

子どもが自分を犠牲にしてしまうと、母親が実はもっと悲しくなってしまうということが子どもには理解できません。その子がもし、おばあちゃんの寂しさを消すために祖母（死者）の隣に行けば、すでに一人亡くなっているのに加えてもう一人亡くなることになってしまうのが、子どもの感覚では、マイナスにマイナスを足して、それがゼロになるという計算をします。しかし、現実では、一人の亡くなった人に、もう一人亡くなった人が足されて、マイナスが二人になってしまいます。小さな子どもは、自分が消えることでプラスマイナスゼロにできると考えます。これが子どもの持つ感覚の一つです。

もう一つは、母親に見てもらいたい、愛されたいという欲求です。

「私がお母さんを見ると、お母さんの深い愛が見える。でも、その深い愛は私の方を向いていない。お母さんは他のところを見ている。その深い愛はこっち（おばあちゃんのところ）の方を向いている。私もお母さんに見てほしい。お母さんからの深い愛を得るために、私は自分をどこに置いたらいいのだろう」。

その場所はここ、祖母の隣です。

「おばあちゃんの隣にいたら、お母さんは私を見てくれるかもしれない」。

その場所とは、つまり死の世界に自分の生命を置いてくるということです。それによってその子は自殺志向となったり、病弱となったり、事故に遭いやすかったり、不運を招きやすい体質となることがあります。

「私がここに行ったら、私が死んじゃったら、私が病気になったら、私が事故にあったら、お母さんからの深い愛情を得ることができるかもしれない」。

そのように、小さな子どもとしての私たちは考えてしまいます。それは次の世代に連鎖を生み出します。次の世代の子どもも、そのように無意識の中で考えてしまうのです。

ある人がファシリテーターに向かって「私はしょっちゅう事故に遭うのですが、それがなぜなのかわかりません」と言います。のちにファシリテーターはその人の祖母が事故で亡くなっていることを発見します。つまりそれは、その人がシステム上に転移された出来事を繰り返していることを示しているのです。

「お母さん、お母さんの役に立つなら、私がそれをやります。お母さんからの愛情を得るために」。

ある女性がとても素敵な男性と出会い、横浜駅で恋に落ちました。（男性一人を加える）その結果、可愛らしい子どもが生まれました。（女性一人を加える）女の子です。その娘にとっては、母親がいて、祖母がいて、曽祖母と繋がっています。曽祖母は事故で亡くなっています。その娘に子どもができたことで、ここに子どもが生まれて、その子が同じことを拾い上げてしまいます。

「お母さん、あなたの役に立つなら私がやります」と、その子は言います。

ここで、その子が事故に遭いやすい体質になってしまいます。その小さな子どもが、曽祖母と同一化して、曽祖母の問題ともつれているということが私たちには見えます。その子は曽祖母の名前すらも知らないというのに。彼女は一体何をやっているのでしょう。

彼女は母親の悲しみを感じ取っているのです。母親がどこかに行ってしまうかもしれないという危機感を持っています。母親はどこに行ってしまいたいのでしょう。母親のその母親のところです。その小さな子は、「お母さん行かないで。私が代わりに行くから、そうすればお母さんはここに残れるでしょう」。こちらではその子の母親は自分の母親に向かって、「お母さん、私が代わりに行きます」と言っています。これがシステム上に転移されていった出来事というものです。

また、別のある夫婦に子ども（娘）がいると仮定します。妻は過去に起きた何かの出来事に強く引っ張られていて、夫にとって妻の位置に立つことができません。その子はここで、母親のために何かをしなくてはいけないという圧力を感じます。

「お母さんのために私は役に立ちたい」。娘は母親の場所、つまり自分の父親にとって妻の場所に自分の身を置きます。

「お母さん、お母さんのために私がやります」。母親は自分が動けないことから、やましさを感じながらそれに同意します。罪悪感を抱いても、それを止めることができません。そんな娘の思いや、自分自身の身の置き方を父親が誤解することがあります。これが、家族システムの中で起きる近親相姦や性的虐待の構造です。この娘が差し出すものに対して、それを都合よく利用してしまおうとする別の圧力が働いたのです。この子どもは、ただ自分の愛情を捧げようとしているだけです。でもそれは性的な行為を意味したのではありません。それは愛です。子どもの側からすると、それはただ純粋な父への愛情です。

「お母さんが行ってしまうのだったら、お父さん、私が代わりにここに残るから。お母さん、お母さんがそこに行きたいのなら、行っていいよ。私がお父さんの面倒を見るから」。

その子はそのように自分の愛情をただ捧げます。子どもたちは、いつでもこういうことをやり続けます。なぜなら、子どもには性的な行為というものが何なのか全然わかっておらず、子どもが考えるのは、お父さんには、傍らで一緒にテレビを見てあげる人が必要だということだけです。

「私がお父さんと一緒にいたら、何もかもきっとうまくいく。お母さんの代わりをします。何も心配することなんてない」。

これを子どもたちの盲目の愛と呼びます。子どもたちは窓からも飛び出します。自分自身を犠牲にして、自分のいるべきところではない場所に身を置きます。私たちの魂の奥底には盲目の愛がひそんでいます。

心に痛みを抱える人のすべての行動は、愛情からなされているのです。誰であっても、苦しみに満ちた状況に自分の意思で入って行くということはありえません。親への盲目的な愛情から、ただそうしているだけです。

子どもの心理の発達を観察した結果、この自己中心性による視点での世界観というものが発見されました。

この視点を理解することで、コンステレーションの場での謎解きが容易になります。ワークショップの現場でクライアント自身が、自分の代理人が何をしているかを客観的に見ることで、それまでの自分の行動がまさにピアジェの唱えた幼児独自が持つ自己中心性的世界観によるものだったことが理解できます。

そこで私たちは初めて、自分がもはや幼児ではないことを知るのです。

③人間を左右する三つの磁力

小さな子どもは自分の身の回りに起きる出来事のすべてに対して、自分に責任があるととらえています。幼い子どもたちは、無意識下で親との関係において自分には何もかも調和させ、癒すことができると考えています。子どもは思います。「命はお父さんとお母さんからもらったのだから、お父さんとお母さんが困っているときには、その命をお父さんとお母さんのために使えばいいだけ。おばあちゃんはずっと病気だったけど、自分が代わりに病気になれば、おばあちゃんは元気になるかもしれない、そうしたらお母さんはもうおばあちゃんが死んじゃうんじゃないかって心配しなくて済むようになる。おじいちゃんは自殺しちゃって、死の世界ではひとりぼっちになってるのがかわいそう。自分も死んでしまっておじいちゃんの横で一緒に寝れば、おじいちゃんはもう寂しくないから、お父さんは急いでおじいちゃんのそばに行かなくてもよくなるよ」。

自分を犠牲にすることで、子どもは親の役に立つために行動するよう駆り立てられていきます。しかし、犠牲の意味を理解していません。病気になったり、自殺しようとしたりすることで、良心に心地よさを感じます。なぜなら、これらの行為によって、その子は自分にとって最も重要な存在である両親を助けることができ、それはつまり自分の所属するグループが安定することであり、グループの継続に貢献することだからです。

クライアントは自分を犠牲にすることで、家族に対する愛や忠誠心を証明しているので、良心に心地よさを感じます。それが、自分が苦しんでいると話をするときに微笑を浮かべる理由です。自分が苦しむことによって、うつになることによって、病気になることによって、自分がグループに貢献し、所属していると示すことができていると無意識下で信じています。子どもの魂は、自分を犠牲にすることによって自分が所属するグループが存続し、そのおかげで自分は生き延びるのだと、また犠牲を払わなければ罰を受け、死んでしまうのだと感じるのです。これが矛盾していることに子どもの魂は気がつきません。そのために解決するよりも苦しむ方が楽なのです。「私」が苦しめば、「私」は貢献し、それによってグループに承認され、生き延びることができるという幻想を無意識下で持っています。「私」が苦しむことをやめて、問題を解決してしまうと、「私」はもうグループに貢献していないから、所属できなくなり、死ぬかもしれない。それが子どもの魂が信じていることです。

コンステレーションの場で、クライアントを亡くなった人の隣に一緒に横たわらせ、どのように感じるかを聞くと、彼らは大概、いい感じですと答えます。すなわち、自分の良心に心地よさを感じ、罪の無さを感じ、親のために何かができていると感じ、グループに属していると感じられるのです。私たちの無意識の領域にある所属への欲求はグループに対するものであり、自分がこのグループに貢献しているということが一番重要なことなのです。うつになったり、苦しんだり、死んでしまうことを通して、自分は所属しているのだと証明しようとします。死んでしまうことよりも、所属していると感じられることが優先します。だから、クライアントをそのグループから引き離すことは非常に困難です。彼／彼女の無意識のすべてが、とにかくそのグループの一員としていたいだけだからです。

彼／彼女をこちらの安全な場所に連れてくると、頭の中では「そうだ、ここがいい」と言います。しかし、こちらの側では無意識層で、「いやだ、ここじゃない。あそこに居たいんだ」という感覚が湧き上がります。こちら側の安全な場所では罪の意識を感じます。安全な場所に来ると、自分はもはや所属していると感じることができないのです。これが良心に対しての無意識の働きというものです。

人は非常に強力な三つの磁力によって動かされています。第一は、小さな子どもがすべての責任は自分にあり、自分にはそれを癒し、それを助ける力があるのだと考えているということです。

第二は、私たちの誰もが調和を取らなくてはいけない、均衡を取らなくてはいけないという圧力にさらされており、そうすべきだと感じ続けていることです。子どもは親から生命を授けられています。均衡を取ろうとせずにいられない圧力によって、子どもはその生命、人生を捧げることで、お返ししたいという渇望に突き動かされていきます。これは子どもにとって非常に危険なことです。親子関係には別の均衡の取り方がありす。

友人が昼食に招待して食事代を支払ってくれたなら、そのお返しとしてしなくてはならないと感じることといえば、その友人をお昼ご飯に招待するだけです。せいぜい千円か二千円で友人との均衡を取ることができますが、親子関係においてそれは不可能です。自分に与えられた生命に対して、自分の生命をもってお返ししなくてはいけないと感じる子どもたちが数多くいます。[7]

第三に、私たちはグループに属していなければならないということです。なぜなら、このグループが自分に対して望んでいる通りに行動することができたときにだけ、初めて自分は生き延びることができると感じるからです。

これらのことから、なぜ小さな子どもたちが親のため、家系のために何かをしようとするのかを理解することができます。そんなバカなと思う人もいることでしょう。しかしながら、ここに述べた磁石は機能し続けているのです。

これが、ヘリンガーの良心に関しての主要な洞察です。彼はこれを『インサイト』という本の中で「良心の範囲」、もしくは、「良心による制限」(Limit of Conscience) という言葉で説明しています。

良心は私たちを制限しています。それは私たちを過去の中に運び込み、過去を覗きこませることで心地よさを感じさせます。けれど、未来に運び入れてはくれません。自分のために安全な場所を見つけると良心にやましさを感じます。良心という観点から見てみると、私たちは決して自由ではないことがわかります。私たちの良心は自分の命を奉仕へと駆り立てます。

(5) 与え受け取るバランス

① 夫婦や友人間のバランス

与え受け取るという行為を繰り返すことで、人間関係は調和を図り、均衡を維持します。ヘリンガーは、これについての研究をさらに進めました。

ここに一組の夫婦がいると想像します。もし、夫の方が妻にひどい扱いをしていたとすると、妻は夫に対してどのように振る舞うでしょう。もし夫が妻を大切に扱うなら、妻の側は夫にどのように対応するでしょう。

通常、調和を取ろうという動きがそこに生まれます。

誰かがあなたにとても礼儀正しく接した場合には、あなたもその相手に対しては礼儀正しく返したくなるでしょう。一方、あなたに何の関心を持たない人に対しても、温かく接し、礼を尽くしたくなるでしょうか。相手が自分に何の興味も示さないのに、自分が相手に興味を示すことはありえません。

自分のカップを洗う際に、あなたが何の気なしに同僚の机の上の空いたカップを下げて洗ったとします。もし同僚が席に戻って、そのことに気づき、礼を言ってお辞儀をしたら、あなたも立ち止まって笑顔で会釈を返すことでしょう。もし誰か、友だちや、近所の人があなたに気がつき手を振って笑顔を向けたり、お辞儀をしたりするなら、きっとあなたも同じように返すことでしょう。そうやって私たちは、バランスを取ります。あなたが受け取ったものを、あなたは返そうとします。もし自分がそうしなければどう感じるでしょうか。

あなたは友人に会います。その友人は笑顔であなたに挨拶をして、贈り物をくれます。しかし、あなたはその友人に過去一度も贈り物などしたことがなく、お返しを何もしないとします。さて、どう感じるでしょう。

でも、もしあなたも挨拶をして、お返しの贈り物をあげて、してもらったことを同じように相手にしてあげたら調和がとれたと感じます。それを心理学の観点からは、罪がない、無実、潔白（Innocence）を感じるととらえます。負債がないと感じるわけです。

その感覚を心理学的には、罪悪感（Guilty feeling）を持つと言います。

ある人が、私を昼食に誘ってくれたとします。とても素敵なお蕎麦屋さんで、一人前が二千五百円もします。とてもおいしいお蕎麦です。彼がその代金を払ってくれます。その次に会ったときには私が払わなきゃいけないと感じます。でも私が彼と入ったのはマクドナルドで、ハンバーガーは二百円でした。私はそれで上手くバランスを取ったと感じるでしょうか。それではバランスが取れたとは感じられないでしょう。私たちの心の中には、調和を図ろう、均衡を取ろうとする動きがあり、均衡が取れると私たちは罪の意識を感じないで済むのです。

もし彼が、（男性を指して）二十回も私を食事に招待してくれたら、それに対して私がどうすると思いますか。私がお返しをしようとしても、この人はそうさせてくれません。いずれ私は重荷に耐えられなくなります。私は彼と会うのを避けるようになるでしょう。その次に彼に会ったときにも、また彼が支払いをするのです。そうすると、もう彼と会っても良い気分になれません。私には支払わせてもらえる機会がないのです。結果的に、彼に会う機会をなるべく避けるようにします。だから、あなたがもしお返しできないほどの大きすぎる、良すぎる贈り物を相手に与えてしまうと、たぶん相手はあなたから逃げてしまうでしょう。

特に男性の場合には、女性から何かをもらうことに対して非常に困難を覚えるようです。ドイツでは多くのセラピストが、何人もの例を観察しました。ある医学生がいました。男性です。彼の恋人の女性が働いて、その医学生の学費や生活費を六年間も七年間も払っていました。そのような関係においては、ようやく彼が医者になった暁に、ほとんど八十パーセントの関係がそこで壊れてしまいます。男性は、彼女が彼を支えるために払ってきた代償を、意識の奥では彼女に対する負債ととらえ、苦痛を感じます。助けを受けていた側がお返しできると感じられる以上のものを、助けていた側が与え過ぎてしまった場合、二人の均衡は崩れるのです。女性の方は物を受け取ることにあまり困難を覚えません。調和を図る、均衡を取るということは、人間関係において非常に重要です。

②店主と客の与え受け取る体験

二〇〇三年十一月に来日した後、ホーネンの妻はイスラエルに行くことを望みました。ホーネン夫妻はエルサレムに行きました。そこにはたくさんの市が立っていました。その市場で、夫妻は一軒の店に招き寄せられました。店主がにこやかに言います。

「良かったらお茶はいかがですか」。ホーネン夫妻はありがたく申し出を受け入れます。

「ありがとう。いいですね」。店主が続けます。

「どうぞ気になさらないで。お茶代をいただく気はありませんから。休んで行ってください」。その店主は下働きにお茶を買いに行かせました。お茶が届くのを待つ間、ホーネンと妻のブランカにクッキーを出してくれて、彼の家族について話をしていました。

「楽にしていてください。何も買わなくていいですから」と店主は続けました。

「もうあなたは私の兄弟みたいなものだから、兄弟は何も買わなくていいのですよ」。

そうすると、その店から何も買わないで出るのが本当に難しくなります。至難の技です。彼らから一方的に与えられ、二人はまるで養子にされてしまったかのように扱われると、そこから抜け出すためには、何かを買わないではいられなくなってしまいました。お喋りをして、お茶を飲んで、クッキーを食べて、何も買わないで出てしまうと罪の意識を感じます。そこで夫妻は二五〇ドルも使ってしまいました。それは、二杯のお茶とちょっとしたクッキーに対しては大変に高価な対価でした。でも、そのような状況から何もせずに抜け出すのは非常に困難だったのです。

③ 親子間での与え受け取るバランス

これが親子であればどうなるでしょう。親子の関係では、子どもの持ち物のすべてが親から与えられたものです。私たちが親からもらうものとは一体何なのか。それはお茶でしょうか。クッキーでしょうか。それよりもはるかに重要なものがあります。

命です。子どもは自分が受け取った命を使って、調和、均衡を取ろうとします。もしそのように自分の命を使わなければ、子どもは罪の意識を感じます。命を使ってお返しをすれば、私たちは、無実だと、潔白だと感じられるわけです。

「お母さん、私がお母さんの代わりにやります」。

そうすると、私たちの内側の子どもの魂は微笑みを浮かべることができるのです。調和と均衡というものを理解するなら、なぜ子どもたちが自分を犠牲にしようとするのかが解り、「問題」というものを全く違う視点から見ることができるようになります。誰かが自殺願望を持っているとします。その人はもしかしたら父のために、母のために何かをしたいだけなのかもしれないのです。

ヘリンガーは言いました。「罪の意識を感じたい人はいません」。

誰であっても、自分の人生で自分には何の罪もないと感じていたいのです。負債や重荷を背負った状態でい続けることは耐え難いことです。そして、最も辛い負債とは、親に対して借りを感じていることです。無意識下で人は、もし自分が病気になれば、私がうつ病になれば、私が自殺をすれば、私が普通の関係を持つことができなければ、それは父親や母親の役に立つことになる、借りを返すことができると思っています。だからコンステレーションのファシリテーターは、その人の家族背景に何があったのかを見つけなくてはならないのです。

その人の中にある子どもの魂が、なぜ両親を助けなくてはならないと感じてしまうのか、その動機や、真の原因を求めなくてはなりません。それは関係の中で与え受け取る均衡を取ろうとして行われるのです。そこに罪と罪悪感からの解放、関係の中の罪悪感と潔白感があります。

ヘリンガーが得た最も重大な洞察の中の一つに、子どもが家族の中の誰か、家系の中の過去に存在した家族の誰かを代理してしまうということがあります。まるで子どもが親を助けるために何かをしなくてはいけないと磁石に引き寄せられるかのようです。自分が生まれるよりも前の過去に、あるいはもっと昔に引き込まれてしまうような強い力です。ときには一世代、二世代前どころか、三世代、四世代、五世代も遡《さかのぼ》るということも起こり得ます。そのような場合、どうやってそれを解決したらいいのでしょう。

本人が、自分がどういう状態にあるのかを見て、気づいて、目覚める必要があります。親から受け取った生命は、決してお返しできるものではないことを、不可能だということを理解しなくてはなりません。自分を犠牲にしてそのために死んでしまうとしたら、それによって誰を喜ばせ、誰が幸福になるのでしょうか。自分を犠牲にすることによって誰かに幸福をもたらすというロマンティックな発想は、ヒーローを主題にした映画やドラマを通じて持ち上げられ、感動をもたらすとして広められています。しかし、種の本能として生命とは受け取られ、次の世代へと与えられ、継続されるべきものであるなら、その人は子どもとして、こう言わなくてはいけないのです。

「お父さん、お母さん、命を与えてくれてありがとう」。

その受け取った命を次の世代の子どもたちに手渡して、受け継がせ、育むことこそ生命自体が持つ役目です。それが本来の親子間における与え、受け取るバランスとなります。受け取った命は次の世代に引き継がせることで均衡をとるのです。

子どもを持つ機会を得なかった人は、次の世代の育成に貢献することで、自分が受け取った生命を負担に思う必要がなくなります。それは未来に向かって踏み出していくことです。しかしながら、実は未来に向かうよりも、過去に引き寄せられる方がよっぽど楽だと多くの人は思います。

(6) クライアントが望むこと

① 苦しみは解決よりも容易

ヘリンガーはこうも言っています。「解決するよりも苦しみ続ける方が簡単だ」と。そのように多くの人が信じています。ホーネンは「墓場の温《ぬく》もり」という言葉を使いました。「人生の冷たい風よりも、墓場の温もりのほうが心地よい」のです。過去を投影しない人生は未知なるものに開かれており、それは不安をもたらします。苦しみという拠り所を手放した不安な未来よりも、人は慣れ親しんで予想のつく安定した死の床の方に居心地の良さを感じます。

多くの人が他の誰かのいるべき場所で、両親を助けようとして、すでに過去に起きた出来事を再現しています。自分の人生の責任を負うよりもその方が楽だと感じています。自分の問題をさらけ出し、向き合う覚悟をしてでも、自分を変えたいと願ってセラピストの元に訪ねてくる人は、おそらく何らかの痛みを抱えている人全体の一割程度です。九割の人は、人生で唯の一度もセラピーに助けを求める機会を持つことことはないでしょう。それら九割の人たちはコンステレーションのことなど知る由もありません。

② 解放と選択肢

コンステレーションを知った人たちの多くはその効果に驚き、この手法がもっと広く知られるべきだと考えます。しかし、セラピストやファシリテーターには「人生とはこういうものだ」と、「物事はこのように働く」と教えることはできません。彼らはクライアントのために、何が起きているのかを見つけようとしているに過ぎません。クライアントが自己同一化している相手は誰なのか、何がその家系の中に起きているのか、もつれの元とは誰であり、どの世代で起きたものなのか、彼らが引き寄せられてしまうその磁石のような力とは何なのか、それをセラピストやファシリテーターは探り当てようとします。

クライアントは自分を縛り付けている何かから解放されることによって、初めて違う方向に進んでいく選択ができるようになります。これは心理療法的な働きかけというもので、人生というものがどのように作用するか、生命がどのように機能しているかを説明するものではありません。コンステレーションの中で目にすることができる法則やルールである、与え受け取ることの均衡、バランスの取り方、良心の働き、その中でも特に罪と罪悪感、罪がないという感覚、潔白感について知ることは、人生を歩むためにとても役立ちます。

先のデモンストレーションでは、母親には罪の意識がありました。娘は、「お母さん、私が代わりにやります」と言いました。そのとき娘は、命という贈り物をもらっているのに、お返しをしていないという重圧から逃れるために均衡を取ろうとしています。そのように言うことで罪悪感を感じずに済ませようとしているのです。そこでセラピストやファシリテーターは、そのクライアントにこう言わなくてはなりません。

「あなたが母親のためにできることは何もありません」。

なぜならそれは、あなたにではなく、あなたの母親にすでに起きてしまったことだからです。セラピストやファシリテーターは、あなたを母親の代わりを務めようとすることから引き離さなくてはなりません。しかし、そうしてしまうと彼女はお返しができないことで、また罪の意識を感じるようになってしまうのです。でももしかしたら、その罪の意識とともに、彼女は生き延びることができるかもしれません。あるいは、お返しをしようとすることで得られる潔白感とともに、母親のために自分自身を犠牲にして、彼女は若くして亡くなっていたかもしれません。

この「与え受け取る」ことについて理解するならば、コンステレーションの仕組みの三分の一を理解したことになります。それに続くものとして「良心／conscience」の働きを知ることは生きていくために非常に役にたちます。コンステレーションの手法において良心とは大変大きな意味を持つものです。それは折り合いをつけたり、対処したりできるようなものではなく、その働きを理解するなら、私たちの身に起きる出来事を全く違う観点からとらえ直す機会を与えてくれるものです。

［脚注］
（4）イギリスのエクセター大学の心理学者アレクサンダー・ハスラムは同一の結果を求め、この実験を繰り返しましたが再現性がなかったことを報告しています。その後、刑務所長の役にあったジンバルドー教授の助手から、被験者には演技をするよう指示があったとする新事実が発見されたことから、近年疑義が問われることとなりました。
（5）Bert Hellinger, *Insights-Lectures and Stories* 2002, Carl-auer-Systeme Verlag
（6）自己中心性（egocentrism）。ピアジェが用いた用語。乳幼児期の思考様式で、自己の視点を超えて考えることができず、物事を相対化したり、客観視したりできないこと。利己主義／エゴイズム（egoism）とは異なります。
（7）自然の摂理に逆らって、なぜ、子どもは自分の生命を先祖から受け継がれてきた連綿と続く鎖の輪の一つとして感じることができないのか。なぜ、子どもは親に対して、対等なやりとりをすべき関係だと想定してしまうのか。これらの疑問について、後に私は独自に仮説を立て、国内で生徒とともに実験を重ねていくことになります。

第4章　コンステレーションの成立背景とその後の展開

(1) コンステレーションと他の心理療法―異なる対処の仕方

① 要する時間の変化と家族がくれる情報

心理療法の歴史をたどると、かつて心理療法とは三年近くの時間を要するものでした。それが一回のセッションで済むようになるまでの変化を遂げるには、かなり長い道のりを歩んできたと言えます。コンステレーションのように、場合によっては一回だけのセッションで深い心理的な領域に触れるセラピーには、幾つかの条件があり制限も課せられます。たとえば、コンステレーションのファシリテーターは、ワークショップの開始前にクライアントと対話を重ねる時間を持つことはありません。通常は、心理療法を受けるにあたってクライアントが最初に感じ取りたいことは、このセラピストを頼っても大丈夫だという安心感です。

二〇一九年現在のドイツではどのように開始にいたるかはかわかりませんが、二〇〇五年まで現場の状況を見てきたホーネンによると、一九九〇~二〇〇〇年代初めのドイツでは、多くの場合はまず三回から五回ほど会話によるセッションを重ねた後で、実際のセラピーを開始するかどうかを決めていたそうです。しかし、コンステレーションでは、クライアントがファシリテーターを気に入るか、気に入らないかの判断にはあまり時間をかけず、出会って間もないうちに核心に迫ります。

コンステレーションを始める際にインタビューを行いますが、クライアントが語る問題そのものや、その問題についてどれくらい詳細を伝えるか、などということはあまり重要視しません。ファシリテーターが最初に関心を抱くのは、クライアントの無意識の部分です。ヘリンガーはそれを「魂」（ソウル）と表現しました。私たちには、特定の行動に駆り立てられたり、思わぬことを言ってしまったりするなど、なぜ自分がそのような行動を取るのかがわからない場合があります。

ある恋人同士が、彼らにもその理由がわからないまま頻繁に喧嘩をしていました。彼らはサイコセラピストのところに行って、このように訴えます。

「私たちは毎日のように言い合いになってしまってどうにもならない」。

そこで深く探ってみると、諍《いさか》いの真の原因が実際の相手とは無関係と判明することがあります。コンステレーションの場合、その諍い自体を取り扱いません。「きっかけは何でしたか、どうしてそこまでになってしまったのですか」と聞いたりもしません。ファシリテーターの最初の質問とは、「あなたが生まれた元の家系の中で、そのように喧嘩をしなくてはいけなかった人がいたとしたら誰が思い浮かびますか」、「誰かの代わりにそうやって争わなくてはいけないとしたら、あなたは誰の代わりをしていると感じるでしょうか」、「それは親の世代よりもっと前の三～四世代前かもしれません。何か心当たりはありますか」といったことです。

ある女性のクライアントが夫への苛立ちを抑えきれず、喧嘩ばかりしていました。ファシリテーターは尋ねます。

「あなたが生まれた元の家族、あるいは家系の中を思い起こしてみてください。その喧嘩をせずにいられない感情が、もしも自分のものではないとしたらどうでしょう。喧嘩をすることで誰かに対して忠誠を誓っているとしたら、あなたはどのように感じますか。家族の中の誰かに対しての忠誠心からそうしているとしたら、です。思い当たる節があるとしたら、誰に対してその忠誠心のような感覚を抱いているのでしょう」。ギスギスした夫婦関係にいたたまれなくなった夫が逃げ出したとします。そこで、またこう尋ねます。

「あなたの家系の中で連れ合いを失ったのは誰ですか？」。

その問いかけから、その女性の祖母がまだ若いうちに夫を亡くしたという情報を得ます。祖母は結婚して三、四年で、事故で配偶者を亡くしていたのです。この段階で、夫を失った後も祖母は再婚しなかったという事実とクライアントの感覚が繋がります。そのクライアントは、男性と付き合い始めると三、四年で苛立つようになり、頻繁に喧嘩をし始めます。それはいつも突然、何の理由もなく起きるのです。そして相手は逃げていきます。ここに無意識からくる行動と完璧に符合する物語が見つかります。このような行動を取ることによって、その女性クライアントは、自分が生まれる前に起きた出来事を再現していました。

祖母を見るとき、無意識は「大好きなおばあちゃん、おばあちゃんはおじいちゃんと三年半しか一緒にいられませんでした。だから私も、夫と一緒にいられるのは三年半までにします」と伝えているのです。そうすることが、祖母に対して愛と忠誠心を示すことだと無意識は信じているのです。頭で考えると、これがおかしな理屈だと私たちは思います。祖母がどんな人だったのかをよく知りもしないのに、なぜ祖母のためにそこまでしなければいけないのかと不可思議な気持ちになることでしょう。

実は、これにはもう一つの愛が隠されています。クライアントが祖母の人生の物語を再現することで、クライアントの心の奥に隠れていた子どもの魂（インナーチャイルド）はこう言っているのです。

「大好きなおばあちゃん、私がおばあちゃんの身に起きた出来事を引き受ければ、おばあちゃんは悲しまなくて済みます」。

「家族の中で夫を失わなくてはならない人が一人必要なら、それは私がやります」。

「私が代わりに夫を失うことで、おばあちゃんが夫を失わなくて済むのなら、私が夫を失う方がいい」。

私たちの心の内側に住む子どもの魂は時間の感覚を認識しておらず、不思議な魔法の計算をします。祖母の痛みや、人生のドラマを自分が引き受けることで、祖母の苦しみや悲しみはなくなるものと考えます。自分が夫を失えば、祖母は祖父を失わないはずだと考えます。それはまた、祖母の娘である、つまり自分のお母さんは父親を失わずに済むということを意味します。クライアントの内側に住んでいる子どもの魂は、お母さんは悲しみに心を閉ざしたことのない朗らかで愛情深い祖母に育ててもらえると、無意識に想像するのです。

家族というシステムの中には、様々な情報が伝達されているものであり、その情報は私たちの魂の奥底に密かに隠されています。こういった情報は世代から世代へ、そしてその次の世代へと伝えられていき、他者との関係においても、また自分の人生においても、あるいは、何かを達成するための能力の中にも流れています。

過去に存在した家族メンバーの誰であろうと無意識の領域では繋がっていることを、コンステレーションの場で私たちは自分の目で見ることができます。それによって、これまで訳も分からずとってきた様々な自分の行動について、私たちは全く異なった情報を得ることになり、異なる角度から意識的にとらえ直すことができるようになります。

自分だけの問題だと思ってきたことや、家族関係のあり方、職場の人間関係などを、コンステレーションを通して改めて見てみることで、私たちが持ち運んでいた家族システムについての認識はどんどん塗り替えられていきます。そうすると、それまで狭い範囲でしか世界を見ることのできなかった私たちの観点は拡がっていきます。家族とはただ単に親や兄弟姉妹だけを指すものではなく、三世代、四世代、五世代であろうと何世代遡《さかのぼ》ったとしても繋がっているものなのだと実感していくことになります。コンステレーションを体験した人たちは、現実に身体感覚を通して感じ取ることで、過去に起きた出来事に現在の自分が影響されていると知ることができるのです。

コンステレーションは明確にシステム化された心理療法的対処法といえます。とても効率的な方法としてとらえられがちですが、これが人生や、生命の真実や、真理を教えるというものではありません。秘密の呪文や、神秘的な魔法のようなものは一切ありません。そういったものがあるように見える場面があるかもしれませんが、コンステレーションとはあくまでも、個人の悩みとされてきたものをシステム（全体）という観点から読み解く心理療法です。

② フロイトの時代

心理療法は、オーストリアのウィーンで一五〇年前、ジークムント・フロイト（1856～1939）によって始まりました。フロイトのセッションでは、クライアントはソファーに横になって、フロイトがその背後に座り、タバコを吸いながらクライアントの語る夢について聞いていました。そのようなやり方を受け継いでいる精神分析家は現在もいます。

フロイトは開拓者でした。現在では一般的になっている無意識という領域について、彼は非常に重要な本を何冊も書きました。フロイトは、クライアントの意識の範囲というものを三種類に分類しました。一つは、私たちが日常的にどのような行動を取り、どのように人に話しかけ、どのように働くかです。二番目は、私たちの意識のより深いところに隠れている部分に関してです。それは容易に到達することができない領域で、それをフロイトは無意識の領域と呼びました。そして、第三の領域というものをフロイトは発見しました。無意識層の中でも、とてもとても深いところにあるものです。そのとても深い無意識層にあるものは、文化や宗教や宗教性といった人々の所属する組織、グループに繋がるものです。たとえば、何千年も前にさかのぼる宗教的なイメージに人が従うといったものです。それらはときに幻想という形を取り、浅い領域にある無意識に現れて、私たちの行動に影響を与えます。

人々の好意や行動や姿勢など、あるいは不可思議な行動といったものは、どのように表層の無意識や、より深層の無意識と繋がっているのかについて、フロイトは夢を通して繋がるのだと解釈しました。私たちは夢を通して、メッセージを受け取っているのだというのです。どのように私たちが問題を創りだしてしまうのかを、夢を探ることによってセラピストは知り得るのだと彼は語りました。

ある若い男が、他人の妻であり、幼い子どものいる女性に恋心を抱いてしまいました。自分にはセラピーが必要だとその若い男は考えました。一年半をかけて、セラピストに向かって彼の夢について延々と語り続けました。その挙句に、その男性に告げられたのは、「君は自分の母親を愛しているのだよ」という言葉でした。それはエディプス・コンプレックス／Oedipus complexというものです。フロイトが作り上げた素晴らしい発明です。これは心理療法の初期の頃の話ですが、二〇〇四年時点のドイツでもセラピストがクライアントにその症状が何を表すのかを伝えるまでに、クライアントは一年間近く通い続けなくてはならなかったのです。

フロイトがセラピーの基礎を確立してから、のちに彼の同僚、弟子、生徒らがユング派、アドラー派といった異なる流派に分かれていきました。第一次世界大戦は、人々にとって大変な重圧となった戦争でした。たくさんの兵士たちが精神のバランスを崩しました。しかし、その全員をその後二年間もかかる心理療法を受けるために帰省させ、セラピストの元に通わせるわけには行きませんでした。もし、兵士が心理療法に二年間も費やしてしまったら、その間に戦争では負けてしまいます。フロイトの生徒たちは、医者たちと一緒に、二、三ヶ月後に再び兵士たちを戦場に送り出すためにはどのように対処したらいいのかを考えました。それが行動療法の最初です。兵士たちは戦場の只中にいて、目の前で仲間や敵が死んでいくのを見ていたわけです。兵士たちが心の治療をしてもらえたのは、そんな戦場に再び送られるためです。

第一次世界大戦後、次の四十年～五十年の間、セラピーは全体像を見るシステム的なものではなくて、AからBへといった直線的なものに変わりました。フロイトは、クライアントの過去に何が起きたかを尋ねたり、クライアントの母親について話をしたりしていました。でも決して、実際の母親をその場に招くことはありませんでした。ただ話をしていただけです。フロイトは実際の人物が来るようには求めませんでした。

第二次世界大戦後、再び心理療法における状況は大きく変わりました。アメリカでも大きく変化しました。アメリカの兵士は、三、四年間戦場に送られていました。彼らはヨーロッパでドイツ人やイタリア人と、また日本人とも戦いました。長い戦いを終えて兵士が帰還したときに、以前と同じ生活は待ってはいませんでした。事態はすっかり変わっていたのです。

それまで毎日、死と向き合って戦っていた多くの兵士たちは、普通の日常生活を送ることに困難を感じるようになりました。家庭内暴力の発生率は、第二次世界大戦後に劇的に高くなりました。かつて兵士だった男たちが家に帰って、妻や子どもたちに暴力を振るうようになったのです。また、戦時中のアメリカやイギリスでは、兵士の妻たちは、戦地に行ってしまった男たちの代わりに働かなくてはなりませんでした。社会のほとんどが女性によって運営されていたのです。戦後、帰還した男たちは普通の生活に戻れば、妻たちも台所に戻ると思ったのです。それに対して、女たちの多くは必死で身につけた習慣を簡単に手放すことはできませんでした。そのために、第二次世界大戦後に離婚率が急激に増加しました。

また子どもたちは、父親と四年間会っていませんでした。父親が目の前からいなくなったとき、その子が八歳だったとしたら、彼らは十二歳になっていました。自分が父親代わりに家を支えていたのに、突然子どもに戻れと言われても、子どもの時代は終わっていました。子どもたちは困惑しました。今さら父親が、自分にどのように振舞ったらいいのかを告げても、「誰だ、この男は」となります。子どもたちは自分が母親を守ってきたと思っていました。少年の非行率が急激に増加したのもその頃です。少年非行、離婚率、家庭内暴力の率が急激に増加したのは第二次世界大戦後です。

③ ヴァージニア・サティアと家族療法の誕生

アメリカのソーシャルワーカーであったヴァージニア・サティア(8)は、そのような状況の中で非行に走り、犯罪を犯した十二歳〜十三歳の少女たちのために働いていました。

あるとき、一人の母親が娘のことでサティアのもとにやって来ました。子どもの態度は悪くなる一方だと苦情を言いに来たのです。サティア自身は、八人兄弟の長女だったので、大人数の仕切り方をよく心得ていました。そこでサティアは「結構です、問題提起を歓迎します」と言って、その母親にカウンセリングセッションに加わるように求めました。

三週間後のセッションの場に、今度は怒り狂った男が現れて言ったのです。「あなたがうちの娘に何をしようと構わないが、妻が自分に対して怒り狂うようになってしまった。いったい、どうしてくれるんだ」。サティアは、「よろしい。よく来てくれました。あなたを歓迎します」と父親もその場に加えました。そこから、彼女はこの三人でセッションをするようになりました。意図したわけではなく偶然の産物です。一九五一年のことです。これが、歴史上初めての家族療法となりました。

このやり方を発見して、サティアは大きく手応えを感じ興奮しました。彼女は論文で、「この時点から私は個人に対処するのを止めて、家族全部を相手にします」と、宣言しました。彼女はこれを「家族療法」と呼びました。現在、私たちはこれを「システム的心理療法」(Systemic Therapy) と呼びます。

カリフォルニアのパロアルトグループ (Mental Research Institute)[9] が、その記事を紹介しました。第二次世界大戦後、パロアルトグループではゲシュタルトセラピー[10]のフリッツ・パールズなど、ヨーロッパの有名なセラピストたちがこぞって米国に渡りました。彼らはサティアを招待し、その仕事を見て「とても素晴らしい。なぜ私たちにそれが思いつかなかったのだろう」と考えました。そして、彼らも皆、家族療法を始めたのです。ゲシュタルトセラピーが、ゲシュタルトファミリーセラピーに変わりました。行動療法家が、行動家族療法家に変わり、精神分析が、家族精神分析に変わったのです。それ以来、誰もが家族に対して働きかけるように変わりました。

彼らはクライアントに尋ねます。

「それ以外に誰が家族に属していますか?」。

「お祖母さんは健在ですか?」。

お祖母さんがそこに来たなら「他に子どもは?」。もう一人の子どもも呼ばれました。家族療法が何回か重ねられると、そこには六～七人の家族が集まるようになっていました。また、その中の一人がサッカーの試合を見に行ってセッションに来なかったとすると、セラピストは家族全員を家に送り返しました。全員が揃っていない限りは対応しないということです。このように新しい方法が発見された当初は、そのやり方にはかなりの制限がかかりました。しかし、そこに来ることができない家族も大勢いるわけです。たとえば祖父が五年前にすでに亡くなっていたとしたら、その場に加わることはできません。

た。

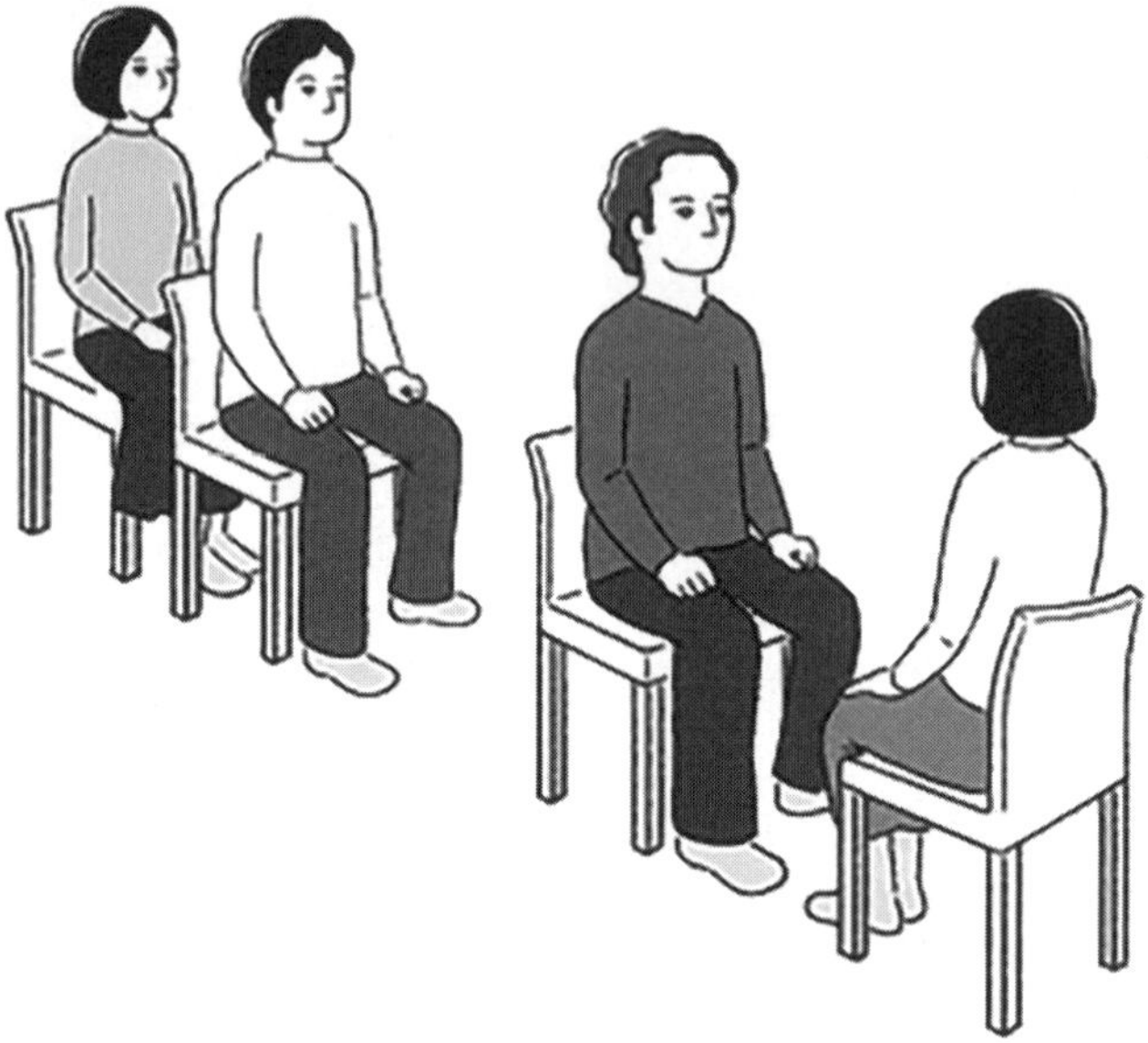

（図Ｃ）

サティアはとても創造的でした。彼女は「それでは、亡くなったお祖父さんのためには椅子を置くことにしましょう」と言って椅子を置き、全員がこの椅子は祖父の代わりをするためのものだとわかるようにしました。（図Ｃ）

だから、もしあなたがこの当時のとてもいいファミリー・セラピーと出会った人だとしたら、そこには二十個ぐらいの椅子があったはずです。でも、そうすると場所が無くなります。そこで、彼女は他の方法も思いつきました。サティアは父親に「部屋の外に出て、一分後に戻ってくるときには、祖父になりきって戻ってきてください」と頼みました。クライアントは役者になって、祖父の役をやったのです。そして、その祖父として自分の息子である自分自身へ話しかけました。それは大変興味深い技法でした。そこから、多くのことを学ぶことができまし

④ コンステレーションの原型

八十年代の家族療法のトレーニングでは、自己紹介はこのようなやり方でした。グループの全員が、それぞれ自分の家族の中の別の誰かとして立ち上がって、自分が椅子の後ろに立って、まるで椅子には自分が座っているかのように、他の人の目線から自分を紹介するのです。ある男性は自分の兄のつもりになって、自分自身について知っていることを紹介するのです。

「弟は今はいいやつだけど、五年前までは本当に嫌な奴だったんだ。なぜなら、弟はいつも僕がもらったお小遣いをくすねていたんだ」と。「弟は、その後お母さんのところに行って、こんなふうに言いつけたんだ。お兄ちゃんたら僕のお金を盗むんだって」と、いったようにです。あるいは「お母さんは妹にばかりおやつを多めにあげていた」と、そんなふうにしてサティアの訓練生たちは、グループの中で自己紹介をしていったのです。

自分の背後に母親が立って、自分のことを紹介しているところを想像すると、恥ずかしく感じる人もいるかもしれません。その男性が自分の母親の役になりきって演技し、自分について紹介しているときには、正確な描写を避け、大雑把な紹介しかしなかったそうです。しかし、妹になりきって自分のことを紹介するよりも、母親の役の方がまだましだったかもしれないと彼は言っていました。

この手法を使い、自分が生まれる三年前に亡くなった祖父が、もし自分のことを紹介するとしたらどうでしょう。祖父は自分のことを何も知りません。しかし、たとえば何か問題が起きたときに、祖父であればその問題に対してどう言うだろうか。もし、祖父がこの場にいたとしたら、それについてどう言うだろうか。私たちのほとんどが、たとえ自分が生まれる前に亡くなった人であって、その人のことを何も知らされていないにしても、自分が直接会ったことがないにもかかわらず、その家族の誰かについて何らかの言語化される以前の情報が伝えられていると感じています。彼だったらきっとこう言うだろうとか、こういうふうに自分を見ているのではないだろうかといった、意識の中にある種の想像を持っています。私たちの内側には、数世代にまたがる家族についての何らかの映像を伴った親近感があり、繋がりを意識できるようです。

たとえば目を閉じて、自分の曽祖母のことを想像してみるとします。曽祖母がここに来ます。この部屋の中に来て自分を見て、話しかけてくれます。そうすると、何らかの映像が浮かんだり、言葉が浮かんだり、温もりを感じたりといった変化を感じることがあります。しかし、問題が一つあります。それが、曽祖母が本当に言った言葉かどうかという疑問が残ります。私たちにはわかりません。それを証明する手立てはありません。曽祖母は亡くなっているからです。しかし、私たちの中にはその幻想というか、映像や感覚や手応えがあります。

「目を閉じて、その人たちがここに現れて、自分に話しかける」と指示を与えられたときに、私たちの心の中には、確かに曽祖母らしきイメージが浮かぶのです。それを心理療法の場ではどのように取り扱ったらいいのでしょう。

次に家族療法は、クライアントがセッションの場の中に持ち込んでくる家族像や、家族システムから表面化した現象とクライアント本人を、どのように直面させるかという段階に入っていきます。クライアントの母親の心が本人に伝えたいこととは何であり、父親が伝えたいことは何なのでしょう。祖父や祖母の思いとは、誰かがここにクライアントとして座ったときに、その人の曽祖父が伝えようとする言葉とは一体どのようなものでしょう。

この場所に家族の一人ひとりを現す代理としての椅子を置きます。もしこの椅子の位置に家族の一人が立っているとしたら、そこから感じ取ったクライアントへのメッセージを私が代わりに表現するとしたら、それはもしかすると「女を信用するな」だったかもしれません。しかし、別の椅子の位置からくるメッセージは違うもので、また別の椅子の方向からも異なるメッセージが来ます。その場に身を置くと、それぞれの位置には異なる情報があるのがわかります。サティアは、「配偶者や子どもたちに対しての私たちの関わり方は、これらのメッセージによって影響を受けている」と考えました。その観点に基《もと》づくと、ここで「誰のために私たちは話をしているのか」という問いが湧き上がります。

ある男が彼の妻と喧嘩をしているときに、その男は誰のためにそうしているのでしょうか。本当にその男の気持ちとして苛立たしい気持ちを話しているのか、それとも彼の祖父が、彼を通して話しているのでしょうか。もし、彼の祖父が話しているのだとしたら、かつてその祖父には何が起きたのでしょう。なぜ、祖父は孫息子に「女は信用するな」というメッセージを送っているのでしょう。

サティアは、「それでは、ここで何があったのか。あなたの祖父とその妻との問に何があったのか。それを発見してみましょう」と言いました。そこで、父親か母親に祖父の代で何が起きたのかを尋ねることにします。たとえば、「確か、その女性は祖父の弟と恋に落ちたと聞いたことがあるような気がする」と、クライアントが思い出す場合があります。もしかしたら、それとは別の情報を得られるかもしれません。「祖父は祖母と出会う前に女性が三人いたはずです」。あるいは、「それらの女性は全員亡くなったと聞きました」などといったことです。何度出会いがあっても死別しているというその理由から、祖父は女を信用するなと言っているのかもしれない。そうするとその言葉が腑に落ちます。でも、もしかしたら、実際の背景にはまったく違うものがあるのかもしれません。

そこで、サティアは、家族の再構築（family reconstruction）を始めました。サティアは、グループのメンバーにクライアントの家族の代理を務めるよう求めたのです。代理人を選んでその場に立ってもらい、彼女はその人たちにこう聞きました。「彼女の祖父になってくれますか」。「あなたは祖母になってくれますか」。

このように家族の代理人を立てて、参加者にその役になりきってもらうことを求めた最初の人は、ヴァージニア・サティアでした。

祖母が夫（祖父）の弟と関係を持っていたと想像してみてください。ここで、サティアは、祖父が言うべき言葉を祖父の代理人に伝えます。

「お前は弟と関係を持ったことがあるのか」。

祖父の代理人はその言葉を繰り返します。次にサティアは、祖父の代理人に後ろを向かせ、クライアント本人に「女を信用するな」と言わせます。そしてクライアントは、また後ろを振り向いて、自分の妻の代理人に言います。

「だから、私は女であるあなたを信用しない」。

興味深いやり方です。そのようなやり取りが実際にあったとするなら、それはすでに二～三世代前の過去の話です。それが、現在も誰かの関係性に影響を与えているわけです。そこでサティアは、クライアントに尋ねます。

「あなたは、『私は信用しない』と言うとどう感じますか？」。

クライアントは、「う～ん、そうですね、良い気分です」と微笑みます。そして、「だけど、それはたぶん私の妻には何の関係もないことです」と言ったりもします。クライアントはこう話します。

「妻の方を向いてそれを言うとあまり良い気分になりません。でもこっちの祖母の方を向いて言うと、すごく良い気分になります」。

なぜクライアントがそう感じるのでしょう。祖母は祖父の弟と恋に落ちていました。そのことで祖父は本当に苦しみました。そして、クライアントの心は祖父のところにあります。妻との問に問題を抱えているけれども、祖父のことを思い、祖父の無念さを代わりに表現するなら彼は良い気分になるのです。そのような状況、すなわちクライアントが妻との間に深刻な問題を抱えている状況で微笑むとき、サティアは、「なぜ彼は微笑むのだろう」という疑問を持ちました。このクライアントは現在、妻との関係でひどく苦しんでいる。それにもかかわらず、そのように遥かな過去からくる誰かの思いを背負って、それを他に伝えるときに彼は微笑んでいる。それはなぜなのか。

「わかった。私は（祖父に忠誠を誓っているから）伴侶は求めない。なぜなら私が女を信用したら、彼女は他に男を作るだろう。私にたとえ弟がいなかったとしても。彼女は他に男を作るに決まっている」。

同じことが、病気を抱えた別のクライアントにも言えました。自殺志向があったり、事故に遭いやすい体質であったり、配偶者を得られないという状況にいながらも、自分の問題を語るときの顔に微笑みが浮かぶ人がいるのです。どうやってこれを理解したらいいでしょう。どうしてクライアントは、過去に起きた出来事と同じことを繰り返して、そして微笑むのでしょう。はたから見たら苦しんでいるとしか言えない状況で、なぜ彼らは微笑むのか。それを私たちはどう理解したらいいのでしょう。

注意深く観察すると、人が悩みや苦しみについて語るとき、彼らはいつも顔にある種の微笑みを浮かべているのに気がつくことでしょう。これはドイツに限ったことではなく、いろいろな国で見ることができる共通の現象です。日本でもクライアントが問題について語り始めるときには、口元にある種の微笑みを浮かべることを観察できます。

そういった微笑みを浮かべないクライアントも中には存在します。他の方法で過去の誰かと繋がりを持っているのかどうかは探ってみなくてはわかりません。細心の注意を払い、微妙なしぐさや動作によって何を表しているのかを読み取るのです。

妻と喧嘩しているそのクライアント本人と、妻の代理人を対峙させ、セラピストはクライアントに目を閉じた状態で、妻（の代理人）に「『私は女を信用しない』と言ったとき、その様子を見ている誰かがいるようにあなたは感じますか」と尋ねます。すると、彼は言うでしょう。「ええ、お祖父さんが見ています」と。その瞬間、世代を超えたシステム上の繋がりがあると理解できるのです。

家族システムに働きかけているとき、そこには通常三人以上の人間に関わっています。まず夫婦の関係では、正面に向かい合っているAとBとの間には直線的な繋がりがあると仮定できます。それは、一人の人間ともう一人の人間との間にある直線的な問題です。システム全体を見て解決しようとするとき、セラピストは、クライアントの他にその場を見ているのは誰かを推測します。そうすると、三人目の存在が現れます。夫婦の関係に問題が生じているときには、知らぬ間に第三の存在が介入している可能性も想定します。男性か女性か、何世代前の人かもわからない誰かが影響を与えているのです。

男たちは自分が妻だけと結婚しているにすぎないと思っています。また女たちも、自分の夫だけと結婚しているにすぎないと思い込んでいます。しかし実際は、夫や妻の背後にいる家族全員と結婚しているわけです。妻は夫の祖父母や、両親や兄弟姉妹とも絆を持ちます。つまり私たちは、自分の夫や妻と結婚しただけではなく、夫や妻の家族全体とも結婚しているということです。私たちの行動は、自分の生まれ育った家系のシステムのすべてに影響を受けています。それは意識的なものではありません。無意識です。無意識が私たちを突き動かしています。ほとんどの場合、私たちはそれについて知ることはありません。そのために葛藤が生まれます。

ある男性がセッションを受けに行きました。

「私には女を信用しないという感覚がある」と彼は言います。セラピストが「誰があなたを見ているのでしょう」と聞いても、その男性は「誰も見ていません」と答えるでしょう。

セラピストは尋ねます。

「私は女を信用しない、と言っているときに、あなたの元の家系の中の誰かがあなたを見つめているとしたら、それは誰だと思いますか。誰があなたを見ているか想像してみてください」と。その男性はこう答えるかもしれません。「私の祖父です」。

そうすると、そのお祖父さんの代で何があったのかを、その場で代理人を通して見ることになります。その場面を見て、体験してしまうことで、彼は以後、妻に対して「女を信用しない」と言い続けることが難しくなります。彼の中の無意識にあったものが、意識の表面に浮かび上がってきたからです。もしその後もまだ彼が妻を信用できないという問題を抱え続けるならば、その原因の鍵を握る他の何者かを家系の中で見つけなくてはなりません。このような過程を辿りながら、セラピストは家族の過去に何があったのかを探っていきます。

サティアは、セッションの最終段階で、クライアントにこう伝えていました。

「これまでは幼い子どもの視点から世界を見ていたのです。今からはそれとは違う、成長した大人としての視点であなたは家族を見ることができます」。

サティアはこう考えたのです。

「クライアントが物事をこれまでと違う視点からとらえるなら、家族を再構築することができるだろう。そして、クライアントが妻のところに戻ったときには、二人の関係を変えることができるだろう。今までとは違う、また新しい方法で一緒に住み続けることができるだろう」。

これが、ヴァージニア・サティアが一九五五年から一九八五年までやっていたことです。

(2) ヘリンガーによるファミリー・コンステレーションの確立

ヘリンガーは、一九二五年に生まれました。年齢が六十五歳を迎える頃に一度引退し、彼が構築したコンステレーションの仕事もそのときにやめました。引退を決めた後、当時一緒にいた最初の妻と世界旅行をしました。二〇〇一年にワークショップのために来日したときに、日本には一度来たことがあると言っていたので、この旅がそうだったのかもしれません。

ドイツに帰国すると、もう一回だけワークショップをやってくれないかと、彼のもとで学んできた医者やセラピストたちに求められました。

引退前のヘリンガーのワークショップの参加者は三十人程度で、ときには八人ということもありました。引退を表明した後で、求められて開催したそのワークショップには三百人の参加者が集まりました。ヘリンガー最後のワークショップだと聞いた人たちが、こぞって集結したのです。

引退前のヘリンガーの仕事のやり方は、グループの参加者と四~六日間をともに過ごし、毎回その場で問題を拾い上げ、グループの参加者の個人的な問題に一つ一つ働きかけていくというものでした。しかし、三百人の参加者に対しては、もうそのような方法ではできなくなったため、ステージ上で仕事をすることになりました。ステージの上で、ヘリンガーはクライアントに隣に座るように求め、事前に選ばれていた数名だけが代理人になることが許され、大半の人たちはただそれを観察するという形式になりました。

では、そもそもどのようにして、ヘリンガーはグループ・ワークをするようになったのでしょうか。

①　神父としてのアフリカ時代

第二次世界対戦の最後の一年から一年半の間、ヘリンガーは兵士でした。戦争が終わったとき、彼は十九歳で、ベルギーで捕虜になりましたが、捕虜収容所から逃亡しました。彼はドイツまでの約三百キロをほとんど歩き通しました。疲れ果て、ようやく家にたどり着いたときに、ヘリンガーの母親がドアを開けました。そして母親はヘリンガーを見た瞬間、ヘリンガーの名前ではなく彼の兄の名前を叫び、倒れ、気を失いました。それは傷つき、ボロボロになってやっと家に帰り着いた十九歳の青年にとって大変な衝撃でした。その場面は強烈に心に焼きつけられ、その後何年もの間、拒絶の情景ととらえられていました。

もともとヘリンガーは、厳格なカソリックの家庭で育ちました。彼はその出来事があったことで神父になることを決心し、神父として南アフリカに渡ることにしました。一九五〇年代の始め頃、ヘリンガーは自分の家族からも、ドイツからも遠ざかり、南アフリカの黒人の青少年のための教師になりました。現地では誰もが英語を話していました。ヘリンガーは英語を話せなかったので、図書館で学習して英語を身につけました。その図書館の数少ない書籍の中で、彼を惹きつけた本は集団力学《グループ・ダイナミック》に関するものでした。

その当時、集団力学《グループ・ダイナミック》は、とても新しく新鮮で興味深いものとされていました。なぜ人は戦場に行くと指揮官に従うのか、なぜグループの中には指揮をとる者が現れ、何が起こって、何がそこで作用しているのか、そのシステムがなぜヨーロッパではそれほど成功を収めてきているのか、多くの人がその秘訣の発見を望んでいました。

集団力学《グループ・ダイナミック》では色々な実験がなされました。たとえば、ファシリテーターがグループを二つに分け、一つのグループには他の部屋に行くように命じます。それぞれのグループでリーダーを決めてもらい、もう一度集合します。それら二つのグループに各々のリーダーがいます。その状況で今度は、その二つのグループを一つのグループに統合して、リーダーをあらためて一人選ぶように命じます。片方のリーダーは、もう片方のグループに向かって、自分のグループに加わるように説得しなければなりません。説得される側のグループのリーダーは、自分のメンバーに対して、相手側に入らないように説得しなくてはならないというものです。そのような実験を何度も繰り返すと、とても興味深い結果が得られました。すなわち、より大きなウソを言うほど、より多くの人がそれに従うということです。一九四〇年頃から一九五〇年にかけて多くの実験が続けられました。

南アフリカの学校で生徒の扱いに問題を抱えていたヘリンガーは、その集団力学《グループ・ダイナミック》についての本を読み漁りました。ヘリンガーのクラスの生徒は三十～四十人の黒人の子どもたちです。彼らは白人の先生であるヘリンガーが決めたルールに従わず、学校に来たがりません。彼らはただ楽しいことがしたいだけでした。ヘリンガーはこの集団力学《グループ・ダイナミック》の本に書かれていることを、自分が実験してみようと考えました。

生徒たちは時間通りに教室に来たことはありません。彼らは四時にクラスに戻って来なくてはならなかったのに、八時、九時、十時まで戻って来ませんでした。ヘリンガーは生徒たちに言いました。

「この中の誰が、時間通りに戻らないことにしようと言ったのですか」。

一人が名乗り出ると、ヘリンガーは「君はクラスから除籍とする。もう学校に来なくていい」とその生徒に言いました。そして全員に、「彼のあとをついて出て行きたい人は誰ですか」と、聞きました。

「君ですか。わかりました。君もクラスから除籍にします」。

「ほかに彼らについて行きたい人はいますか」。

残った生徒は全員、怖がりました。ヘリンガーはこのリーダーとなった少年に対して、半年の間、授業を受ける機会を一切与えませんでした。すると次の授業からは、全員が四時に戻ってきたのです。

とても厳しいやり方に見えますが、ヘリンガーのこのやり方は功を奏して、子どもたちは学び始めました。生徒たちは熱心に勉強をするようになり、どんどんその成果を出していったのです。ヘリンガーはこのとき、「人を除外する」ことに関して学びました。除外された人物は、グループに対して重要な影響を与えることになります。除外されたことで却って大変強い存在感を持つのです。

その後、除籍とされた少年の一人がヘリンガーのところに来て、「ごめんなさい。もう一回クラスに戻らせてください」と訴えてきました。「四週間後に私のところに来て、もう一度頼みなさい」とヘリンガーは答え、その少年を帰らせました。そして四週間後、その少年は再びヘリンガーを尋ね、復学を頼み、戻ってくることができました。そのようにして、半年後には除外された子どもたちの全員が戻っていました。全員が戻って来たその段階では、クラスの全員が必ず毎回四時に教室に入っていました。

「人が除外される」ということは、当事者とその関係するグループのメンバーに影響を及ぼすのです。

ヘリンガーは、古いＢＭＷのバイクにまたがって、南アフリカのたくさんの小さな村を訪れ、それぞれの学校でこの方法を実行しました。毎回彼が来るたびに、生徒が集まって彼の読み書きの授業を受けました。こうしてヘリンガーは学校の校長になり、その学校で大変な成功を収めました。彼の黒人の生徒たちは、白人の生徒たちよりも遥かに優秀な結果を出したのです。しかし、その当時の南アフリカは、アパルトヘイトがまかり通っており、黒人の生徒は白人と違って大学に行くことを許可されていませんでした。黒人は成功を収めてはいけなかったのです。南アフリカの聖職者たちは、ヘリンガーに「君の働きに感謝している。君は大変な成功を収めたので、ドイツに帰すことにする」と告げました。それは、出て行けという意味でした。ヘリンガーは、あまりにも良い結果を出しすぎてしまったのです。

彼は、ドイツに戻り、集団力学《グループ・ダイナミック》について教え始めました。

② 教会の神父から心理療法の世界へ

ヘリンガーは精神分析も学び、修道士、修道女、神父や牧師に向けて集団力学《グループ・ダイナミック》に関してのセミナーを行いました。そんなとき、ウィーンで彼は、一人の美しい修道女に対してそれまで一度も感じたことのない感情を覚えました。カソリックの神父が、女性に対し魅力を感じてしまうと重大な困難を抱えることになります。ヘリンガーは教会を離れ、その女性と結婚することを決心しました。彼女もヘリンガーと結婚するために、聖職を離れ、修道女であることを辞めると決断しました。その女性がヘリンガーの最初の妻です。[11]

次に彼がカソリック教会に代わる場として身を置いたのは、精神分析療法でした。ヘリンガーは三十日間のトレーニングに参加しました。そこで彼のトレーナーが、ある日、彼に一冊の本を渡しました。そのトレーナー自身はその時点ではまだ読んでいなかった本です。ヘリンガーはすぐにそれが重要な、読まなければいけない本であると感じました。アーサー・ヤノフ（Arthur Janov）の著書『原初からの叫び／*PRIMAL SCREAM*[12]（講談社、一九七五年）』です。その本を読んで興奮したヘリンガーは、その方法を自分の精神分析の中に取り入れました。本をくれたトレーナーにそのやり方を見せたところ、「冗談じゃない。何をやっているんだ。そんなものは精神分析とは呼べない」と憤慨されてしまいました。

しかし、ヘリンガーはこの方法の効果の可能性を確信していました。「クライアントはこの療法に満足するし、とても役に立っています」と返しました。トレーナーは「もし、ここでこれ以上学び続ける気でいるならば、もうヤノフの仕事は忘れてしまわなくてはダメだ。私たちがここでやっているのは精神分析なのだから」とヘリンガーに釘を刺しました。そこでヘリンガーは、自分の受けていた訓練を途中でやめることを決断します。二番目の「教会」も去ることにしたのです。彼は妻とともに、ロサンゼルスに旅立ち、『原初からの叫び』の著者、アーサー・ヤノフのもとでトレーニングを受け始めました。

一九六五年～一九六七年当時のカリフォルニアではありとあらゆることが可能でした。この頃、サンフランシスコに行くときには髪に花を付ける必要がありました。ヒッピームーブメント[13]です。誰も彼もが関わりあっていました。音楽、自由、恋愛、フリーセックス……そこでは異なったシステムが融合していく過程にあり、新しい時代の潮流が押し寄せていました。

同じことが心理療法でも起きていました。いろいろな異なった教えのスクールが、集合し、融合し始めた時期だったのです。ゲシュタルトセラピーがサイコドラマ[14]と融合し、バラバラにそれらの教えを学んでいた人たちが統合されていきました。週末になると新しい心理療法の技法を学ぶワークショップが開催されていました。ヘリンガーは毎週末、様々なワークショップに参加し続けました。

ゲシュタルトセラピー、フォーカシング[15]、ミルトン・エリクソン[16]の催眠療法、NLP。すべての新しい療法が開花していく時代でした。

ヘリンガーは、ヴァージニア・サティアの生徒によって行われていた家族療法のワークショップに二週にわたって参加しました。彼はその生徒を通して、サティアがやっていることに触れました。たかだか一回や二回週末に参加しただけで、その療法の根幹を知ることはできないとは知りながらも、強い関心を抱いていきます。そのワークショップでは、参加者が立って家族システムに所属する人たちの代理を務めているのです。その当時のサティアは、人間の形状を組み立てるスカルプチャーワークをやっていました。それが「家族彫刻／Family Sculpture」です。

このサティアの「家族彫刻」では、代理人に対して動作から視線の方向まで指示していました。たとえば、クライアントの父は母の手を握ってはいるが、彼らはお互いを見ない。母親は、こっちの方角を見ていて、でも父親は娘のほうを見る。娘も父親には触れてはいるが、父親も母親も見たくはないといった調子です。まさにこれは彫刻です。（図D）

（図D）

ヘリンガーはこれを見て、「なんてすごいんだ」と思いました。しかし、ヘリンガーが感心したのは細かい手の動きではなく、ただ人が立っているという、そのことなのです。そこから、のちにこの方法を自分の仕事に取り入れたとき、彼はクライアントに「自分の父親、母親を選び出してください。お互いの関係にしたがって配置してください」とだけ言いました。ヘリンガーは、サティアのように代理人にこっちを向いてとか、手を繋いでなどといった指示は与えませんでした。クライアントに対し、ただお互いの関係を位置で表しなさいと伝えたのです。（図E）

それはコンステレーション[17]（星座の位置）であって、

サティアの「家族彫刻」とは異なるものでした。コンステレーションでは代理人は演じなくていいのです。代理人たちは、セラピストの言う通りの動きを繰り返す必要がありません。ヘリンガーが尋ねたのは、代理人が今そこに立ってどう感じているかだけでした。

これは重要なことです。コンステレーションでは、誰かを役に組み込むのではありません。何かの役にその人をなりきらせ、演技をさせるのではないのです。したがって、クライアントは代理人に対して、このように感じてくれとか、このように言ってくれ、このように行動してくれとは言いません。クライアントがやるのは、ただ代理人を観客席から連れ出し、関係に従って配置し、立たせるのみです。クライアントから唯一影響を与えることができるのは配置することだけです。

その場所で代理人は自由です。だからこそ「代理人」や「代理をする」という言葉を使うことができるのです。しかし、彼らは何の代理をしているのでしょう。ここで必要なのは、その代理人になってくれた彼／彼女の、その人なりの感受性というエネルギーだけです。サティアは、動作からの情報を得るために演技をする役者を使いましたが、ヘリンガーは、情報を得るために代理人のエネルギーを使いました。そこには大きな違いがあります。だから参加者は、コンステレーションの場で代理人として選ばれたならば「演技をしない」と知っておく必要があります。

（図Ｅ）

③ ヘリンガーの「原初療法」時代

アメリカでたくさんのワークショップやトレーニングに参加したヘリンガーは、ドイツに戻ってからはアーサー・ヤノフの提唱した『原初療法』を行うセラピストとして仕事を始めました。何年もの間、ワークショップの参加者や生徒たちには、両親に対する怒りを叫ぶことで表現させました。好きなだけ叫んでも警察の邪魔が入らないように、彼は自分の家を建て、地下に防音の部屋を作りました。

その当時、クライアントは、ヘリンガーと三、四ヶ月を一緒に過ごさなくてはなりませんでした。三、四ヶ月です。通常の、普通のクライアントはそこまではしません。そんなことが可能だったのは変わり者のクライアントばかりだったからです。すなわち、原初療法というセラピーを受けに来ていたのはセラピストたちでした。その頃からドイツでは、特に南部のセラピストたちの間で、三、四ヶ月ヘリンガーと一緒に過ごさなくてはならないという暗黙の了解が出来上がっていきました。そうしてヘリンガーは、セラピストのためのセラピストとして有名になっていったのです。

当時のヘリンガーの妻は、ある時期から「もう私はこれにうんざり」と言うようになりました。「私たちの家の上の方は本当に美しいのに、週に六日は地下室の中に閉じこもって、イカレタ人たちと一緒に過ごさなくてはならないのだから」。

彼らの家の地下室は、暗くて壁や天井に分厚いマットレスが貼り付けてありました。個人セッションのセラピーでも、小さな部屋の壁や天井にマットレスが貼り付けてあって、好きなだけ叫ぶことができたのです。

当時、原初療法はあちこちで取り上げられ大変有名になっており、音楽にも歌われていました。ジョン・レノン／John Lennon(1940～1980) は、アーサー・ヤノフのセラピーを受けていました。ジョン・レノンのレコードの一枚「ジョンの魂（John Lennon, Plastic Ono Band,1970）は、自分の母親に関することばかりで、「Mother」という曲の最後に彼は叫んでいるのです。

「お母さん、行かないで!、お父さん、帰ってきて!」。

Mother

作詞・作曲：John Lenncn

Mother, you had me but I never had you
I wanted you, you didn't want me
So I, I just got to tell you
Goodbye, goodbye

Father, you left me but I never left you
I needed you, you didn't need me
So I, I just got to tell you
Goodbye, goodbye

Children, don't do what I have done
I couldn't walk and I tried to run
So I, I just got to tell you

Goodbye, goodbye
Mama, don't go
Daddy, come home

(repeat)

Mama, don't go
Daddy, come home

また、ドアーズ／The Doorsのジム・モリソン／Jim Morrison(1943～1971)は、「*The End*」[18]という曲で「父さん、あんたを殺したい」と歌っています。原初療法は、一九六〇年代の終わりから一九七〇年台にかけて大変注目された心理療法だったのです。当時、クライアントは自分の両親に対して、憎しみの手紙を書くように指導されました。その頃、自分たちの創造性を断ち切ってしまったのは父親と母親だと誰もが信じていたのです。どの親たちも自分の子どもがヒッピーになることを望みませんでした。子どもたちは長髪にしたかったのに、親に髪を切るように言われました。子どもたちは親に言いました。「短い髪は軍隊がやっていた髪じゃないか。だから、僕たちは長髪がいいんだ」。「あなたに罪があるんだ、お父さん。あなたに罪があるんだ、お母さん。あなたが望むようなやり方では、私は自分の人生を生きることができない。私に問題があるとしたら、その罪はあなた方にあるんだ」。「私の問題の原因を作ったのはあなたたちだ」。

ヘリンガーは、この時代に見事に波長が合っていたのです。南アフリカで実践した集団力学《グループ・ダイナミック》のことを思い出してください。人が除外されると、それは物事をうまく機能させるのです。父親や母親を除外すると、もしかしたら物事はうまくいくのかもしれないと考えられました。

カリフォルニアでは、いまだにこのやり方が残っています。椅子に父親が座っていると想像します。これは、本当にただのテクニックなのですけれど、「お父さん、あんたが憎い！」。（言いながら椅子を傘で叩く）

クライアントはこれを一時間やらなくてはならないのです。

「あんたが憎い！」。（言いながら手で椅子を殴る）感情を全部出しきるのです。

クライアントはこれを幾度もやらなくてはなりませんでした。こんなセッションの後で、人は実に良い気分に感じたのです。その人の中に溜まっていた汚いものが全部、父親と母親に向かって吐き出されたわけです。しかし、数日経ってしまうと、二週間後、あるいは三ヶ月後にこの訓練が終わると、再び空虚感が戻って来ました。その世代の実にたくさんの人たちが、その後自分の子どもたちとの間に問題を作ることになって行きました。ヒッピー世代を親に持つ子どもたちは、親ではなく祖父母に近づき、親たちはそれを面白く思いませんでした。「祖父母には近づくな」と言いました。その時期、その手法は親子間を断絶することになり、たくさんの混乱を作り上げてしまったのです。

原初療法は上手くいきませんでした。しばらくしてから、ヘリンガーは、彼の妻が強く望んだこともあって、この方法をやめることにしました。椅子を叩いたり、叫んだり、感情を吐き出すのはやめましたが、ワークショップやトレーニンググループの中で、両親について、祖父について何があったのかを話すことだけは続けられました。

④ ヘリンガーのファミリー・コンステレーションが始まる

ヘリンガーは、カリフォルニアのロサンゼルスで家族彫刻療法を見ましたが、その後ドイツでの家族療法を見て、自らこれを試してみることにしました。コンステレーションを始めたのです。台詞を言わせたり、劇をやらせたりはしない方法です。ついこの間まで、クライアントはヘリンガーと三週間一緒に過ごして、両親のことばかりを話していたのが、この時点から、両親に対して叫んだり、罵ったり、憎しみを表すことのない時を過ごしていくことになります。

そのうち、ヘリンガー自身もサティアがたどり着いた「人はなぜ微笑むのか」という疑問にたどり着くことになりました。人が自分の病気について話をするとき、また、自分には自殺志向があると語るとき、夫や妻が夫婦の関係は壊れていると語るときや、子どもがいないということを話すときに、なぜ人は口元に微笑みを浮かべるのか。

ヘリンガーは、サティアがやってきたような方法を取り入れることにしました。本人や、関係する家族の当事者ではなく、代理人を使うコンステレーションの場の中で問題を解いていったのです。どのように振る舞うべきかは伝えず、ただ、その場でどう感じるかだけを尋ねるという方法です。そして、現実の、実際の家族の感情や感覚を、代理人は感じることができるのだということをヘリンガーは発見したのです。

必ずいつもそうなるとは限りません。しかし、代理人となった人が安定し、中心が定まっているなら、クライアントが与えた情報に関連する家族の誰かとして何を感じているかを言うことができます。そこで取り上げられている問題に関わる、より細かく明確な情報を得るための有用な手段として、代理人はその場で感じていることを言葉にします。

しかし、それにはいかなる翻訳を加えることも許されていませんでした。彼らが許されていたのは、その瞬間に単純に感じていることのみを伝えていいということだけでした。ヘリンガーの仕事の場では、ただその瞬間の感情を伝えるというのが非常に重要です。原初療法という基盤を持っているだけに、原初的な感情や根源的な感覚を非常に重要視します。

それでは、その原点となる感情とは何なのでしょう。たとえば、私がこの場所に立ちます。この位置に立ったことで、私は心地よく感じるか、感じないか。別の場所では嫌な感じがする。気分が少しよくなる。より悪く感じる。ここの位置では満足する。ここの位置では悲しく感じる。これが原初的な感覚というものです。それ以外の感覚というのは、異なった別の次元にあるものと言えます。

ヘリンガーのコンステレーションが構築されていった初期、彼は代理人の解釈に興味を示しませんでした。彼が気に留めたのは、唯一その代理人の原初的な感覚だけです。

コンステレーションの場で、ファシリテーターが代理人に、「ここでどういうふうに感じていますか」と尋ねます。もし、そのとき代理人が、「私は間違った場所にいると思う」と答えたら、これは原初的な感覚でしょうか。違います。これは解釈です。原初的な感覚ではありません。代理人は自分の解釈を答えないように気をつけなくてはなりません。

その言葉では代理人は、自分自身が何を感じているかについては一切言っていません。必要なのは、代理人が何を感じているかです。「この場所に立つと居心地よく感じる。嫌な感じがする。満足している。悲しい」。これが、必要とされる重要な情報です。しかし、素直な反応を示さない代理人は数多くいます。ひとたび代理人として選ばれて立ったなら、感じていることを表現するにあたり、私たちは非常に注意深くあらねばなりません。

⑶ ホーネンと始めたトレーニング

日本のコンステレーション黎明期は、まるで闇夜の大海原に向かって、小さな船を漕ぎ出していくかのような心細く危なっかしいものでした。そのときに、一つ船に乗り込み、共に漕ぎ出してくれたのがドイツ人セラピスト、ハラルド・ホーネンです。トレーニング第一期の最初の講師となったホーネンについて、その経歴をご紹介します。

① コンステレーションに出会ったホーネン

ホーネンは一九七五年以来ファミリー・セラピストとして働いてきました。日本でのトレーニングを開始した二〇〇四年当時、ドイツでサイコセラピストとしてすでに三十年近く経験を積んでいました。初期には行動療法やファミリー・セラピーの分野を習得し、パートナーシップに関しての彼の仕事は高く評価され、ベルリンでは有名になっていました。その後、子どもの自閉症のスペシャリストとしても知られるようになっていきます。家族システムに関して強い関心を持っており、その観点から苦しむ子どもたちの問題と向き合い対処していました。学校内で問題行動を持つ子どもたちに対しては、行動療法などによって成果をあげ、それなりの評判を得て成功を収めていたのです。しかし、セラピーを受けた子どもの心に変化が生じて、その子が健やかになっていったとしても、その半年後には、同じ家族が今度はその子の弟を連れてきて、「この子こそが問題なのです」と訴えるということが起きていました。そのようなケースが、実にたくさんあることにホーネンは気づきます。彼は個人に問題があるだけでなく、家族のシステムそのものに問題があるのではないかと気づきます。

そして、ヘリンガーのコンステレーションに出会います。コンステレーションを知るようになった当初、既存の心理療法と異なる対処の仕方に、強く魅きつけられると同時に大きな抵抗を感じたと言っています。彼の心の内側で様々な警鐘が鳴り響きました。それは彼の求める自由に反するように見えたのです。

ホーネンは第二次世界大戦終結の六年後のドイツに生まれ育ちました。青年だった当時、多くの若者が求めていたのは自由でした。戦後生まれの若者たちはヒッピーに憧れ、髪を長く伸ばし、親に対して怒り、学校や大学には行きたがらず、確立された体制に対して反発心を持っていました。そういった時代にホーネンはコンステレーションと出会ったのです。コンステレーションの要点とはルールや秩序に関することです。その頃のホーネンが強く憧れ、夢見ていたのは制限のない、限界のない人間の成長過程というものでした。

コンステレーションに含まれる多くの制限やルールに強い抵抗を感じたものの、その現場を実際に目にしたとき、それは強く彼の心を揺さぶりました。家族に対して持っていた見解を根本から覆《くつがえ》してしまったのです。そこでの経験が、自分ではどうにもできずにいた内面の大きな葛藤を解消させ、人生を健全な方向に変えてくれたことを彼は実感します。

②ヴァージニア・サティアの訓練

ホーネンは、アメリカで家族療法を確立したヴァージニア・サティアの訓練を受けました。サティアの最後の生徒のうちの一人です。「家族の中にあるコミュニケーションのパターンを変えていけば、すべてを変えることができる」というのがサティアの信念です。サティアは、家族内部の心的外傷の体験が、家族間のコミュニケーションに大きな影響を与えていると見ていました。

ファミリー・セラピーから派生したものがコンステレーションです。しかし、ファシリテーターとクライアントが時間をかけて信頼関係を築くことを、コンステレーションでは重視しません。そのため、ファシリテーターが実際の家族と話をしたり、クライアントと対話を重ねたりする必要がありません。

サティアの手法では、たとえば、家族内のコミュニケーションのパターンを変えるためには、その家族全員との面談を何度も繰り返さなくてはいけませんでした。サティアはその当時、一家族の中のコミュニケーションの仕方やパターンを変えるために、二十回から三十回ものセッションをしていました。心理分析療法などではだいたい二年から三年半もの期間をセラピストの元に通わなくてはいけなかったため、サティアの二十回、三十回とかかるセラピーは、当時としては短期間で達成できる心理療法だと受け止められていました。

一方、コンステレーションは、一回のセッションで終わることがあります。その一回のセッションは一時間程度のことも多々あります。また、それに追加するようなセッションがない場合もあります。後になって、経過の報告をしなくてはならないとか、そのときの話を振り返ってするということもほぼありません。それっきりで本当に終わりということはよくあることです。

③ トレーニング開始までの経緯—アジアトレーニングの構想

国内最初のコンステレーションのトレーニングは、ドイツ人セラピスト、ハラルド・ホーネンとともに二〇〇四年に始めることとなりました。一九九九年から二〇〇二年にかけて、アメリカやヨーロッパで開催されたヘリンガーのワークショップやセミナーに参加するために、私は何カ国も追いかけて行きました。

二〇〇一年からは、とにかくコンステレーションを学ぶためにドイツのインテンシブ（一週間の集中トレーニング）に毎年通いましたが、最初の数年はただその場に身を置くだけで精一杯でした。

それらトレーニングやワークショップ、セミナーへの参加を通して、見て、聞いて、感じ取って、体験してきたことを、おもちゃ箱にひとまず手当たり次第に詰め込んでいるような状態だった私に、ホーネンは論理的に整理し直し、まとめあげた指導法を手渡してくれました。以来、ホーネンの教えは私の理解の核をなしており、現在もなお私にとっては珠玉と呼べるものとなっているのです。

一九九九年二月、スイスのベルンで開催されたヘリンガーのワークショップで、きっと私はホーネンとすれ違っていたはずです。その会場が実際にヘリンガーの教える姿を目にし、初めてコンステレーションを体験した場所です。

「バートの仕事を見たのはいつのどこが最初なんだい？」

のちに、ホーネンが私にそう尋ねたときに、ホーネンもその会場にいたと聞かされました。正直なところ、ホーネンとすれ違っていたとしても、たとえ肩がぶつかっていたとしても、当時の私はホーネンのことを全く認識していませんでした。ヘリンガー以外眼中になかったのです。また、私にとっては、ドイツ語圏のスイスという、言葉の通じない初めて訪れた国でのワークショップ参加であり、ワークショップの進行はすべてドイツ語で行われていたために、また、ヘリンガーが語るすべての言葉はドイツ人の元大が耳元で通訳し続けてくれるという完全に頼りきった状況で、私はどのような人が会場にいるのかに注意を向ける余裕など全くありませんでした。しかし、このワークショップの五年後、私とホーネンは一緒に、日本で最初のコンステレーションのトレーニングを立ち上げることになります。

二〇〇〇年六月、ワシントンDCで開催されたガン患者のための医療従事者による学会において、ヘリンガーは独自の観点による対処法をセミナーで発表しました。そのセミナーの後で、私はヘリンガーに直接インタビューをする機会をいただき、ホーネンはカメラにその様子を収めるために立ち会っていました。

滅多にない機会に興奮し、私はかなり緊張していました。これからまさにインタビューに臨もうとするその直前に、ホーネンが突然、用意してきた質問事項を書き記したメモを見てはいけないと言ったのです。

「バートは台本に沿って尋ねられることや、答えなきゃいけないという設定を嫌うから、メモは見ずにその場で湧き上がった質問をするように」と言うのです。慌てふためきました。

突然のことに、考えてきた質問の全部が吹っ飛び、頭の中が真っ白になりました。ようやく、必死で脳みそを振り絞って無理やり思い出した問いを口にしようとすると、同じフレーズを五回も六回もオウムのように繰り返す始末で、ヘリンガーの目の前で私は自分の頬っぺたにビンタを張って、ようやく質問を口にできたのです。まるでコントのような状態に、ヘリンガーは苦笑し、カメラの背後でホーネンは笑いをこらえているし、私は恥ずかしさのあまり顔面は真っ赤です。そのおかげで、私の印象はヘリンガーとホーネンに完璧に焼き付けられることとなりました。

二〇〇一年五月、素晴らしい気候の南ドイツで、世界で最初のコンステレーションを英語で学ぶことができる集中講座が開催されました。インテンシブです。世界中のありとあらゆる国から百人近くの人たちがミュンヘン郊外に集まり、一週間びっしり朝から晩までコンステレーションを学び続けます。現在も少し形を変えて毎年ドイツで開催されています。

その一週間の滞在中のある日の昼休み、ヘリンガー、ホーネン、元夫と私の四人は、その年の秋に予定していた日本でのヘリンガーのワークショップについて打ち合わせをする時間を持つこととなりました。その話のあとで、驚く提案が持ち上がりました。

　ホーネンの頭の中には大きな構想がありました。ヘリンガーとホーネンと、中国、台湾、日本の三ヶ国のヘリンガーのワークショップの主催者たちが共同で、アジア・トレーニングを開始してみないかというのです。あまりにも遠大なお話に、準備の大変さを想像して気が遠くなりかけたのですが、よくよく聞いてみると、三ヶ国の参加者がどこかの国に一堂に会してトレーニングを共同主催するというものではないということがわかりました。ヘリンガーとホーネンが一年間に数回、ツアーを行い、その三ヶ国を次々に訪れて共通のプログラムによってコンステレーションの手法を教えるというのが、彼が思い描いていたアジア・トレーニングでした。そのような形式であれば可能な気がすると私はホーネンに伝え、次回、日本でお会いするときに相談しましょうということに話がまとまりました。

　そこから、あらためてゆっくりと彼と言葉を交わしたのは、二〇〇一年にヘリンガーのワークショップを東京と京都で開催したときです。ホーネンにとっての初めての来日は、ニューヨークのワールドトレードセンターに二機の飛行機が突っ込んだ映像が世界中を駆け巡った、9.11 の一週間後のことでした。

　日本に来る前の週、ヘリンガーはモスクワで参加者が千人規模のワークショップを終えていました。いったん、オーストリアの空港に戻って、そこから東京行きの飛行機に乗り換えるはずだったのが、9.11 のハイジャックとテロのために世界中の空港がパニック状態となり、ヘリンガーたちの一行は空港に足止めをくらうことになりました。どの飛行機も通常通りに飛ぶことができるのかどうか、誰にもわからない状態が世界中で起きていたのです。

　私たち日本側のスタッフは地球の向こう側のその深刻な状況を理解できないまま、必死で東京と京都でのワークショップ開催のための準備を進めていました。ヘリンガー達一行は飛行機がいつ飛ぶのかもわからない状態で、やきもきしながら日本には行けないかもしれないと話し合っていたそうです。結局、飛行機は飛び、予定していた日時にヘリンガーは手ぶらで成田に降り立ちました。スーツケースは同じ飛行機に積み込まれず、確か二日後に届けられたと記憶しています。

まだ暑さの残る九月の終わりに、二ヶ所目である京都でのワークショップをやり終え、ヘリンガーとホーネンの一行はドイツに戻って行きました。その後間もなく、ドイツのコンステレーション界にも激震が走ることになります。ヘリンガーが、それまで一緒にコンステレーションを研究してきた同僚の医師やセラピストたち、後輩や、彼から学んできた弟子のような生徒のような人たちのほとんど全員と、一切の縁を断ち切ると宣言をしたのです。そして、ヘリンガーは最初の結婚に終止符を打ち、それまで築き上げたほぼすべての人間関係をあとにし、またその少しあとで、無償で世界各国のセミナーの旅のお伴をし、ヘリンガーの仕事の記録をカメラに収めていたホーネンとも縁を切ります。したがって、ヘリンガーとホーネン、中国、台湾、日本の三ヶ国の各主催者とのアジア・トレーニングの話もたち消えとなりました。

その頃、「バート・ヘリンガーによるファミリー・コンステレーション」は、ドイツを中心に世界中の精神医療、心理療法の分野だけにとどまらず、ビジネスや組織運営においてもその効果が認められ、とてつもない勢いで広まっていました。ヘリンガーのカリスマ性に魅せられ、心酔するセラピストや精神科医、信奉者が増え続けている真最中のことでした。彼のセミナーやワークショップには一般への広告を開始する前に、口コミだけで千人、二千人単位の会場が満席となり、キャンセル待ちの名簿に四十～五十人の名前が記載されるのは普通のこととなっていました。多くの人が今後のコンステレーションの行方はどうなるのか、ヘリンガーに一体何が起きたのかと混乱し、不安を抱え、疑心暗鬼にかられ、噂を流し、噂に翻弄されました。

④二つの道

コンステレーションは、そこから二つの流れに分かれていくことになります。一方は、それまでの旧知の仲間たちから離れ、新しい「ムーブメント・オブ・ザ・ソウル」という手法で実験を重ねるヘリンガーについて行く者たちです。もう一方は、それまでヘリンガーが一緒に研究を重ねてきた、しかし縁を断ち切った精神科医や精神分析医、サイコセラピストたちの流れです。かつてバートと密接に実験と研究の日々を過ごした、いわばコンステレーション第一世代は、それまでバートが教えてきた、すでに画期的であると認知され、確立した方法を、心理療法という土台から外すことのないように伝えていこうとする者たちです。

ホーネンは後者でした。彼は、ヘリンガーが力を注ぐ「ムーブメント・オブ・ザ・ソウル」という新しい手法には、心理療法の枠におさまらないある種の宗教的な香りがあることを懸念していました。それはヘリンガーの長くて濃い人生経験の上に発現したものであって、今からコンステレーションを学ぼうとする者にとっては、誤解を生みかねない、際どい境界線上にあるものでした。

ヘリンガーが確立させたコンステレーションを、その価値を損ねないように伝えていかなければいけないとホーネンは考えていました。その本質的なものを知らない人たちによって、似て非なるものが野火のような勢いで世界に広まってしまうことを、ホーネンは危惧し恐れました。仕事を見せる側の責任というものをホーネンは強く意識していました。

ワークショップの参加者の中には、数回の参加経験によってコンステレーションを見よう見まねで提供し始めてしまう人がたまにいます。トレーニングを受ける必要を感じない人がいるのは事実です。

そのような人は往々にして、言語を介入させずに動きだけで結果が出ると勘違いしたまま、理論を明確に説明できない段階で、ワークショップを開催します。そのワークショップに参加した人が、また見よう見まねで自分にもできると思い、その人もワークショップを開催し、そこに参加した人がまた同じようにワークショップを開催し、そしてそれが繰り返されていくということはすでに実際に起きていることです。

その先にいる本当に困っている、問題を抱え、危機的状況の中にいる誰かがコンステレーションに助けを求めて来たときに、見よう見まねで伝えられてきたその末端で覚えたコンステレーションを提供するファシリテーターに出会ったとしたら、果たして結果はどのようなものになるでしょうか。

アジア・トレーニングの構想は消えたにしても、ホーネンは諦めていませんでした。ホーネンは私に準備を始めるように求めました。しかしながら、その当時の私は、個人的な事情で人生の大転換期を迎えており、トレーニングを開催するための力が自分の中から湧くとは到底信じることができない状態にありました。その事情を知りながらも、ホーネンはあえて私を強く叱咤し、激励し、支援し続け、無理やり叩き起こし、立ち上がらせ、開催にこぎ着けさせたのです。ホーネン自身もまた、ヘリンガーと決裂し、実の父親が他界するという大変な喪失感を二重に味わっている時期でした。

私はホーネンから、どれくらい先までを見越して、何をどのように見せて、伝えなくてはいけないものかという、見せる側の責任の重大さを教えられました。心を扱う仕事こそ、心を込めて行わなくてはいけない。伝言ゲームのような伝わり方がされてはいけないのです。

⑤ ホーネンの最初のメッセージ

トレーニング第一期開催を迎えた、初日の朝のホーネンの言葉です。

コンステレーションを学ぶには、ただ見たり、信じたりするだけではなく、経験する必要があります。この手法は、体験した人たちを通して時間の経過とともにそれぞれの国で成長していきます。ドイツで学び、アメリカ、南米、妻の母国であるメキシコ、中米、ロシア、イスラエルで教えてきた経験をもとにして日本に紹介するに至りました。これまで吸収してきたことを整理して手渡します。それを日本の文化に適合するように、自分の言葉や感覚に照らし合わせながら吸収し、理解してもらえたなら嬉しく思います。

コンステレーションは、通常、多人数の参加者のいるグループという設定でワークショップとして行います。参加者にクライアントの家族や本人の「代理人」という役割をしてもらい、互いに協力し合いながら解決や新しい視点を探っていきます。しかし、家族体系や組織、社会に備わるシステム上の法則がどのように作用するかをファシリテーターが理解するようになると、代理人なしでもこの手法を使うことができるようになります。そうすると一対一の個人セッションでも非常に役立ちます。

ヘリンガーはファミリー・コンステレーションという、すでに存在していた一つの療法に多大な進化と発展をもたらしました。ヘリンガーが、一九八〇年代の終わり頃に行っていた彼の原点となる仕事ぶりを知らない人たちには、現在のヘリンガーの見せているような現象学的な仕事のやり方を踏襲している人が数多くいます。現段階のヘリンガーのファミリー・コンステレーションは、システム的な療法から現象学的な方法に移行しています。コンステレーションの手法を使うことで、その違いを比較することもできます。

このトレーニングのある段階ではヘリンガーが提唱する「中断された親へと向かう動き」についても教えます。それは、幼少時に固定されてしまった、親に対して失われた信頼を取り戻す作業です。コンステレーションが役に立たない場面が繰り返し確認された場合は、この「中断された親へと向かう動き」という手法を使うことがあります。

皆さんの一人ひとりが異なっているように、クライアントの一人ひとりが異なっています。また、セラピストやファシリテーターも一人ひとりが異なります。この場では基礎となる部分を教えます。いつも同じ方程式が、誰にでも当てはまるとは考えないでください。ファシリテーターはクライアントの問題に働きかけるとき、自分のやり方に固執するのではなく、クライアントが最も必要とすることが何かを感じ取り、それに自ら繋がろうとしなくてはなりません。セラピスト、ファシリテーターとはクライアントのために働く人を差します。最も重要なのはクライアントの役に立つことです。

［脚注］

（8）Virgina M. Satir（1916～1988）は米国のソーシャルワーカー、心理療法家。一九四八年にシカゴ大学にてソーシャルワーク修士号（MSW）を取得。家族療法の母（Mother of Family Therapy）」と称されます。

（9）カリフォルニア州パロアルトの心理療法の研究機関 MRI（Mental Research Institute）で家族療法・短期療法を研究するドン・ジャクソン、リチャード・フィッシュ・ポール・ウオツラウィック、グレゴリー・ベイトソン、ジェイ・ヘイリー等による研究者グループ。

（10）Gestalt Therapy　ユダヤ人の精神分析医、フリッツ・パールズ（1893～1970）とその妻のゲシュタルト心理学者であるローラにより、ゲシュタルト心理学、実存主義、東洋思想、特に禅から発想を得た心理療法。ゲシュタルトとはドイツ語で「かたち」「全体性」を意味し、人間は心身一体のものであるという観点から全体像を理解しようとする方法。

(11) 本書は二〇〇四年当時のホーネンの解説を土台としているため、ヘリンガーは再婚していますが、現在の夫人については言及していません。
(12) The Primal Scream. Primal Therapy : The Cure for Neurosis published by G. P. Putnam's Sons in 1970.
(13) ヒッピー（ヒッピームーブメント）　米サンフランシスコを起源とする、社会の主流となっている価値観や行動規範から外れ、それまでの文化的慣習に反する新しい文化を作ろうとする動き（カウンター・カルチャー）であり、緩やかな社会変革運動のことである。ヒッピーとは、その実践をしていた人たちのことを指します。
(14) Psychodrama 精神科医のヤコブ・モレノ／Jacob L. Moreno（1889～1974）と心理療法士で妻のザーカ・モレノ／Zerka T. Moreno（1917～2016）による演劇の枠組みと技法を用いた心理療法。クライアントの抱える問題について演技、動作、行動を通じて理解を深め、解決を目指しグループで行います。演者（主役、補助自我）と観客の両方が重要な役割を果たします。演劇の要素は、女優だったザーカの寄与が大きい。
(15) Focusing　臨床心理学者ユージン・ジェンドリン（1926～2017）による心理療法。人間の体験の過程とその象徴化の過程、それらを体系化した技法。クライアント自身が実感することが重要であるとして、その実感に触れるための理論と体験過程理論を構築し、実践的技法として提唱しました。
(16) Milton H Erickson（1901年～1980年）は、催眠療法家として知られる精神科医、心理学者。
(17) Constellation　英語で星座、星座の位置を意味する。グループワークショップの場で、クライアントの家族の代理をする人たちを星座のように配置する心理療法をファミリー・コンステレーションと呼び、ヘリンガー以前のファミリー・コンステレーションは日本語では家族布置と訳されています
(18) アルバム「ハートに火をつけて（The Doors、1967年）」

第5章　ムーブメント・オブ・ザ・ソウルという手法

(1) ヘリンガーの仕事の変化

ヘリンガー自身は、彼の仕事を一度引退した時点で終えています。しかしその引退後、まるで最終章を書き上げた後で追記するかのように、仕事の方が自主的にヘリンガーを追いかけてきてしまいました。それでヘリンガーは、「よろしい、やることにします。でも二十年前にやっていたことはもうやりません」と言い切りました。

皆さんは、白髪になってからのヘリンガーしか知りません。ヨーロッパ、ドイツのセラピストたちはヘリンガーが金髪だった頃から知っています。彼はセラピストたちに限らず、ドイツにいる多くの人たちに、本当にたくさんのとてつもないものを与え続けてきました。ヘリンガーが引退を発表したとき、ホーネンを始め、ヘリンガーに関わったことのあるセラピストたちは皆「彼にはもっと与えることができるはずなのに、引退は早すぎる」と感じました。同時に、ホーネンもまた、ヘリンガーはもう、かつて彼が確立させたファミリー・コンステレーションには興味失ってしまったと理解しなくてはなりませんでした。ヘリンガーは当時七十九歳（二〇〇四年）でした。彼は今この瞬間に新たな閃《ひらめ》きをもたらすものにしか関心を持ちません。

二〇〇一年に来日した際、ヘリンガーは現象学的な、新しい仕事を見せていました。ホーネンは彼に三日間の内の一日はシステム論を基にした仕事を見せてもらえないだろうかと頼みました。それに対してヘリンガーは、「ホーネン、君がやりなさい」と言いました。

そこから、ホーネンは、「ヘリンガーのこれまでの仕事は非常に重要だから、その土台となる最初の部分を教える」と答え、「日本と台湾と中国でトレーニングを開始しよう」という話し合いをしました。ヘリンガーもそのシステム論を土台とすること、システミックな仕事も現象学的な仕事のどちらも非常に重要だということに同意しました。

システム論を基にした家族療法をやっていた時代のヘリンガーなら、コンステレーションの中で代理人が自由に動くことは許しませんでした。代理人が勝手に動くようなことがあれば、他の人と代理人の役を交換したことでしょう。彼はそのように二十年やってきました。

ヘリンガーはそのやり方を、二〇〇〇年の初め頃にイスラエルに行ったときから変えたのです。

(2) ムーブメント・オブ・ザ・ソウルの始まり

イスラエルにはホロコーストで亡くなった人の子孫のための仕事をしているアンカーという大変有名な団体があります。九十年代の終わりに、その団体が主催者となって、ヘリンガーとホーネンの二人をイスラエルに招待しました。[19]

イスラエルでホロコーストに関してのコンステレーションをやろうとすると、そこには被害者しか存在しません。ドイツで行うホロコーストに関してのコンステレーションとは全く違うものになります。主催団体の責任者が、エルサレムでその当時のヘリンガーのやり方を見て、こんなことは望んでいないと言いました。「あなた方がここで仕事をするのを許しません」と、二人に告げました。それでヘリンガーもホーネンも大変困惑したのですが、同時に深く心を動かされもしました。二人ともそこから新たな気づきを得ることになったのです。

ヘリンガーとホーネンはワークショップが中止になったことから、イスラエルでの滞在中は休暇を取ることにしました。それが、休みを予定したその朝、主催団体のメンバーが二名ホテルにやって来て、次のような提案をしたのです。

「あなた方にはエルサレムでは仕事をしていただけません。でも、もしよろしければ、テルアビブで仕事ができるように準備します。私たちもこの療法がどういうものかを見たいのです」。テルアビブは首都であり、人口ではイスラエル第二の都市です。

その提案をヘリンガーは承諾しました。

ヘリンガーとホーネンは、テルアビブでコンステレーションをどう進めるべきかについて話し合いました。主催者側がユダヤ人参加者二十名を連れてくることを約束しました。今までやってきたやり方では仕事ができないと、ヘリンガーは考えました。

ワークショップにおけるヘリンガーの役割とは、リーダーとしての仕事を意味します。イスラエルのユダヤ人は、「ドイツ人のリーダー」と聞くとアドルフ・ヒトラーを連想します。

ヘリンガーは全く違うやり方を始めました。

「私は、最初に問題は何か尋ねるだけにします。そして、彼らがコンステレーションを立てたところで、何が出てくるのかを待つだけにします」。

コンステレーションが始まりましたが、ヘリンガーはただ座って見ていました。誰もが「彼は何もやっていないじゃないか」と訝《いぶか》しく思い、彼は病気なのかとばかりに、ビデオカメラの背後にいるホーネンの方に目を向け、確認するような仕草を見せました。

ドイツでのコンステレーションでは、代理人はヘリンガーが指示をしない限り何十分間もただその場に立ち尽くすのみでした。でもイスラエルでは、誰もヘリンガーの仕事のやり方を知らなかったので、代理人たちは黙って十分間も立ち続けるようなことはしなかったのです。彼らは自動的に、自主的に動き始めました。ヘリンガーは何もしませんでした。本当に、見ていただけだったのです。

そして、十分以上経過し、もしかしたら三十分近く経ったかもしれません。ヘリンガーはいきなり「ここまでにします」と言ったのです。イスラエルの人々はこの方法を心地よく受け止めました。なぜなら、ドイツ人が彼らに対して一切の指示を出さなかったからです。

「こちらに行きなさい」「私の言う通りに繰り返しなさい」と言う言葉に従うのは、強制収容所を連想させるのかもしれません。この目の前で起きた現象自体は非常に感動的な出来事でした。しかしそれは、これまでのコンステレーションとは全く別のものでした。

この日の最後のコンステレーションは、イスラエル人の女性がクライアントでした。自分の父親はパレスチナ人に殺されたと言いました。ヘリンガーは、彼女の父親とその父親を殺したパレスチナ人の二人の代理人を出すように言いました。ヘリンガーはそこで再び腰を下ろし、そして何もしませんでした。その二人は、十五分間自発的に歩き廻りました。

見つめ合ってみたり、外を見てみたり、やれることは全部やりました。そして、十五分後に一人がゆっくりと仰向けに床に横たわったのです。もう一方は彼の感覚に任せて、横たわった男の周りをしばらく歩き続けていました。その四分後にその横たわっている男の横に、もう一人の男もまた横たわったのです。ヘリンガーはさらに数分間その場を眺め続けていました。おもむろに片方の男が、もう一人の男の方に手を届かせようとしました。そこでヘリンガーは言ったのです。「ここにようやく平和が訪れることができる。これが和解だ」と。

この結果にヘリンガーもホーネンも、深く心を動かされました。

(3) ムーブメント・オブ・ザ・ソウルと命名

ムーブメント・オブ・ザ・ソウル（魂の動き）という名称は、当時ロサンゼルスでゲシュタルト・セラピストだったハンター・ボーモントが言った言葉から採りました。

それまでコンステレーションを終えた後、その最後にヘリンガーはいつもこう言っていました。

「今、私は、この続きをあなたの魂に託します」。

ボーモントは、少し違う言い方をしました。

「今、あなたの魂は、これと共にどのように動いたら良いのかを学んでいくことでしょう」。

ヘリンガーとホーネンは、イスラエルでそれを思い出しました。代理人が独自に、自分の内面に湧き上がる感覚に従って動き、その動きが自ずと和解に至ることの全体を指して「これこそが魂の動きだ／This is the movement of the soul」とヘリンガーは命名しました。

ヘリンガーはいつも一つのことに熱中して、それをやるとなったら徹底的に全力でやり遂げようとする人です。そして彼はこうも言ったのです。「古いファミリー・コンステレーションなんか忘れてしまうことだ」と。
「これまでのシステム的なやり方にはもう何の興味もない」と。
「今、唯一関心があるのはこれだけだ」と。
「なぜなら、ここには和解への入り口があるからだ」と言いました。

その次の週末、ヘリンガーとホーネンはロンドンに行き、ロンドンでヘリンガーはイスラエルでやったことと同じ方法を試みました。彼は座って、コンステレーションが自発的に動くのに任せたのです。三日間のワークショップだったのですが、八十パーセントのコンステレーションは上手く行きませんでした。解決に至らなかったのです。その時点でのヘリンガーもホーネンも、なぜイギリスではこんなにもイスラエルと違うのか、その理由がわかりませんでした。

しかし、ヘリンガーはそんなことは気にかけず、五つか六つか七つの上手く行ったコンステレーションを取り上げて、これは新しいのだと言い切り、ビデオに撮りためて、その記録のタイトルに「魂への信頼／Trusting the soul」という呼称を与えました。

二人は旅を続け、シベリアまで行っても結果はいつも同じでした。二〇〇四年当時、ヘリンガーのワークショップで、クライアントが好きに動くようにさせてしまうと、たいていの場合、解決にたどり着くことができませんでした。どこか途中で引っかかってしまうのです。

ヘリンガーはそこで立ち上がって、「ここで殺人があった」と言います。そして、クライアントは「ええ？なんですって！」と言います。その次に、ヘリンガーはこう言うのです。
「必要な情報を得られていないので、ここでこのコンステレーションを終えます」と。

その当時、コンステレーションはしばしばそのような終わり方をしていました。

⑷ これだけでは解決を導き出せない

コンステレーションの基礎となる要点の一つに、同一のシステム内で行うというものがあります。システム上の問題や課題は、何世代にも渡る一つの家族システムの中に浮上します。クライアントの問題が二つの異なる家族システムにまたがっている場合、そのコンステレーションでは異なる対処の仕方をする必要があります。二つの家族システムが一つのコンステレーションの場の中に同時に現れ、関わりあっている場合、そこでの問題は、世代間に渡るもつれとは別の種類のものです。

一人の人が二つの全く異なった家族システムに対して、同時にもつれを持つことはできません。たとえば、あなたの家族システムの中にある過去からの影響と、外国から来た赤の他人はもつれることはできません。もちろん、何か影響を与えることはできるかもしれません。たとえば、あなたの家族背景、あなたの家系のシステムから来るものが原因となって、もしあなたがその外国人を殺すというようなことがあればです。でも、その外国人の側から言ったら、あなたの祖父とか、あなたの曽祖父、高祖父の代で起きたことに、その外国人がもつれることは不可能です。

ですから、異なる家族システムに所属する別々の人間の間にある、何かの問題を解決しようとするときには、それは世代間のもつれが問題ではないと知る必要があります。あなたと私の間に問題がある場合、あなたは私の妹でもなく母親でも娘でもないことから、序列に関する問題でもありません。何かがあるとすれば、その問題は二人の間の調和や、均衡に関係するはずです。たとえば、あなたが私を殺すとします。あるいは、あなたが私の命を助けます。そうすると、ここでは、解決の方法として、ただ均衡をどのように取るかということが焦点になってきます。私とあなたの間でいかにしてその均衡を取るかを見てみるとします。私たち二人は動き出して、もしかしたらしばらくすると、ある点にたどり着いて、お互い争いを止めて、お互いに「ありがとう」と言い合って、それが終わった後で、二人は対等になります。

ヘリンガーはそれを「和解」と呼んでいます。和解とは、与え受け取ることの均衡です。

しかし、家族システムの中ではもつれがあり、そこには序列があり、同時にその上に、また均衡を取るという様々な要素が加わります。一つの家族システムの中で、その人が動くのを許せば、九九パーセントは解決を得られない結果となります。それは全く対局にある、反対側の結果を見せることになります。それは、ただ問題を見せるだけです。

だから、ここでの課題は、一つの家族システムの中で、和解を探した方が良いのかということです。通常、コンステレーションでは和解を求めません。コンステレーションを通して見つけようと求めるものは、家族システムの中での正しい序列です。それから、その人が、家族システムの中のもつれから抜け出す方法を探そうとします。また、場合によっては、その均衡を取るための鍵を見つけ出そうとします。

これについては、よく理解してもらう必要があります。次にデモンストレーションを用いて解説します。

(5) ムーブメント・オブ・ザ・ソウルを用いたデモンストレーション

①もつれを見つける・デモンストレーション

ホーネン：自分の家族システムをデモンストレーションのために見せてもいいという人は　誰かいますか。

（一人が手をあげる）

では、お願いします。あなたの父親と母親の代理人をここに出してください。

参加者：**（座っている男性に対して）** 父親をお願いできますか。

ホーネン：彼が父親です。

参加者：**（座っている女性に対して）** 母親の役をお願いします。

ホーネン：彼女が母親ですね。あなたは何番目の子どもですか。

参加者：二人兄弟の長男です。三つ下に弟がいます。

ホーネン：自分自身の代理を選んでください。ここでは、本人と両親の関係を見るために、弟は登場させずに始めることにします。

父親に、結婚前に誰か深い関係にあった人はいますか。

参加者：いません。

ホーネン：結婚後には？

参加者：いないと思います。

ホーネン：母親に関してはどうですか。

参加者：いません。

ホーネン：その後は。

参加者：いません。

ホーネン：では、コンステレーションを立ててください。

（配置する）

父親、母親、本人である子どもの三人です。

ムーブメント・オブ・ザ・ソウルの手法を使うにあたって、一つ条件があります。これは、ヘリンガーが言ってきたことです。まず、自分の中心に繋がると意識してください。自分の内側にどのような動きが生まれるか、注意を払ってそれを見てください。そして、ゆっくりと自分の内側の動きに従ってください。それはこんなふうにするのではありません。（ホーネンが勢い良く歩く姿を見せる）

それは、一歩踏み出すごとに自分の内側の感覚がどちらの方向に自分を向かわせようとしているのか、それを瞬間ごとに感じ取るということです。もしかしたら最初は、あちらの方向に行きたいと感じるかもしれません。でも、その途中でこちらの方角に向きたいと感じるかもしれません。その感覚に従い、何かを成し遂げようとか、示そうとか一切考えることなくやるのです。そして、ゆっくりと動いてください。こういうことから、代理人の人たちには、自分の中心に繋がってくださいと求めます。

これから私は彼らに「動いていい」と許可を出します。その動きを見ながら、あるタイミングで、私は「止まって」と声をかけます。そこで、その場に起きていることについて話し合うことにしましょう。

自分の中心に繋がってください。ゆっくり時間をかけて、何かを達成しようとすることなしに、自分の内側に動きたいという感覚が生まれるかどうか、それを感じ取ってください。ゆっくりとそれに従ってください。慌てず時間をかけてください。

（彼らは徐々に動き出し、しばらく動き続ける）

止まってください。一時停止したみたいに止まってください。さて、皆さん、ここから何が見えますか。

参加者：父親が息子の方について行って、父親が母親を全く見ていません。

ホーネン：では、解決という点に関してはどうでしょう。ここまでの過程で解決は見えていましたか。どうやら父親は、息子の方に強い繋がりを持っているように見えます。私はコンステレーションをこの時点で一旦止めます。これはどちらかと言うと解決を導き出すというよりも、より問題を理解するのに役立ちます。

もしあなたがこの手法を使いたいとしたら使うことは可能です。でもそれは、解決を得るというよりも、より問題を理解するためにです。

これらの動きを見て私の中に浮かぶ問いは、父親の家系の中で早くに亡くなったのは誰なのか。誰に父親は引きつけられているのか。父方の祖父に何が起きたのか。もしくは、父親の兄弟で早くに亡くなった人や、幼くして亡くなった人はいるのだろうか。あるいは、祖父に早くに亡くなった身近な人がいるだろうか、などです。ここで現れる動きは、解決のためというよりも、診断を下すために役立つものです。

たくさんの人がこの手法を使います。でも、それを理解しないままに彼らはそれをいまだに「ムーブメント・オブ・ザ・ソウル（魂の動き）」というふうに呼んでいます。私たちが魂という言葉を使うときには何か癒したり、輝いたり、解決したり、というものを求めて使っていると思うのですが、ここにあるのは癒しのための動きではありません。ここに見られるのは、もつれを表す動きです。

②ムーブメント・オブ・ザ・ソウルの誤用

ムーブメント・オブ・ザ・ソウルの手法によって解決を求めようとして観察を続けるなら、このような動きは止まらずにずっと続いていき、完結する可能性は低いでしょう。そして、ヘリンガーならきっとクライアントにこう尋ねることでしょう。「これの意味がわかりますか」と。

長年付き人のように一緒に旅をしてきたホーネンはそう言います。

ヘリンガーの隣に座るクライアントは、だいたい誰であってもその質問に対して「はい」と答えます。ある意味でそれは悲しいことです。冗談ではないのです。「はい」と答えたそれらの人たちが、休憩時間になるとカメラマンをやっているホーネンや、そのワークショップを主催しているセラピストのところに詰めかけて来て口々に言います。

「実は何もわからなかったのだけれども、あの場ではわからないと言いにくくて」と。

しかし、精神的指導者の容貌をした、神秘的なヒーラーのようなヘリンガーの目を見てしまったら、その瞬間に「わからない」と言える人はいません。何年もの間、ヘリンガーがクライアントに対して、コンステレーションの途中で「ここで止めていいですか」と確認する姿をホーネンは何度も目にしてきていましたが、ただ一人として「いいえ、私にはまだ終わったと感じられません」と答えた人はいなかったことを報告しています。ほとんどの人が当たり前のように、「はい、大丈夫です」と言います。ヘリンガーはこの手法をムーブメント・オブ・ザ・ソウル（魂の動き）と呼んでいます。

しかしながら、ホーネンはこの自発的に動く様に対して「多分、魂自らの動きかもしれない、でも魂が何なのかを説明できない」と考えていました。長年ヘリンガーの仕事を間近で見続けてきたホーネンにしてみると、それは解決と呼べるものではありませんでした。現状を表しているにすぎないように見えたのです。

コンステレーションを知り始めた初期の段階のワークショップ参加者やクライアントには、ファシリテーターはシステム的な観点からどのように診断を下すかを、まず知ってもらう方が良いと考えます。システム的な観点から読み解いていくことができるようになると、ファシリテーターは代理人に依存せずに仕事をすることができるようになります。

代理人からの情報に頼った状態にあるときに、部屋の外に逃げ出してしまうような代理人や、叫び始めるような代理人や、お互いに殴りあったりとか、床に倒れたりするような代理人が現れ始めると、ファシリテーターは問題を抱えることになります。

もしファシリテーターがそれらの情報に素直に従っていくなら、その家族の中には何か大変深刻な事件が起きていたと発見するのかもしれませんが、それはクライアントのためには危険な賭けとなります。

ヘリンガーはよく、コンステレーションの場で動きが止まってしまうと「これは殺人が起きたに違いない」と言っていた時期がありました。しかし、クライアントがその殺人事件についての情報を持っていないとすると、この言い方では、仮説を立てたというよりもファシリテーターによる憶測となるかもしれないわけです。

確かに、ヘリンガーの言うことにはもっともな点があります。たとえばヨーロッパでは祖先をたどると、誰であったとしても殺人にかかわっていない家族はありません。殺人が起こったのは、もしかしたら十世代前かもしれません。しかし、十世代も前に起きた事象を掘り起こして、クライアントの現在の問題に関連づけるといったことを、学びの初期の段階で、これがコンステレーションという方法だと理解してもらいたくはありません。

ファシリテーターは「あなたの家系に殺人のような何か大きな事件はありましたか」と質問します。それはコンステレーションの途上で解決を探るにあたり、仮説を立てて検証するためです。情報があってもなくても構いません。また、事件があったにせよなかったにせよ、ファシリテーターはその情報について代理人を通して確認することができ、その見たものによってクライアントの真の問題との繋がりを持つことができます。その瞬間に見ていることを二次的な情報として、のちにファシリテーターは使うことができます。もし、最初から代理人が提供する動きを主要な情報源として使ってしまうなら、そのファシリテーターは代理人に依存することになってしまいます。

③ 判断の手がかりとして使う

ホーネンは、ムーブメント・オブ・ザ・ソウルの最中にいる代理人には毎回ある一定の疑いを抱いていました。なぜならその代理人をしている人が本当に中心に定まっているかどうか、確信を持てないからです。その違いを見分けるのが困難な、コンステレーションを知り始めた最初の段階では、システム的に見る方法を学ぶのは役にたちます。その後に、ムーブメント・オブ・ザ・ソウルを用いた見方を知ればより助けになるでしょう。しかし、それは診断を下すための道具としての意味しかありません。

一つの家族システムの中での問題に関して、代理人が自由に、好き勝手に動いていいと許され、その結果、その動きが自主的に解決に向かっていくというようなコンステレーションをホーネンはかつて一度も見たことがないと語っています。

二〇〇一年の十月に、日本でヘリンガーは新しいやり方を見せました。八十年代にヘリンガーがやっていた方法は日本では知られていません。二〇〇〇年以後、彼が訪れた、日本や台湾や中国でのワークショップの度に、ホーネンは何度もヘリンガーに直接訴え、懇願し、求めました。

「バート、お願いです。初日にはまずシステム論を基にした方法、システミックなやり方を見せてもらえないでしょうか。そして、その後で、皆に説明をしてください。自分がもうこのやり方には興味はなく、その次の段階として現在の自分が興味を持っているのは、この現象学的なやり方、ムーブメント・オブ・ザ・ソウルの方なのだ」と。しかし、ヘリンガーはその要望には関心がありませんでした。

二〇〇二年に中国では、香港、上海、北京、広州の四箇所でヘリンガーのワークショップが開催されました。ホーネンはそのすべてに同行しました。ホーネンによると、その十二日間の旅の間でヘリンガーがシステミックな方法でやったコンステレーションは四～五回でした。当然、ヘリンガーには自分の判断で好きなように行う権利があり、何を道具にどのように行うかは彼に任されています。どうやって参加者を喜ばせるかはヘリンガー自身の判断次第です。しかしながら、それを見た人たちの誰もが、これがバート・ヘリンガーのコンステレーションだと思い込みます。見た人たちがこの方法でワークショップを始めてしまい、ヘリンガーのように参加者にこう尋ねるでしょう。「わかりましたか」。参加者は答えるでしょう。「はい」。しかし、解決は起きません。

ホーネンは、「バートに自分がどのように思われようと構わない、怖れてはいない」と言っていました。ホーネンが怖れたのはヘリンガーの仕事を見て、真似をする人たちです。だから、ホーネンはしつこいくらいにヘリンガーに問いかけ、求め続けました。

「どうか人にはシステミックなやり方を教えてやってください」と。それで、ヘリンガーに「お前にはもううんざりだ」と言われることになりました。「お前がやりなさい」と。「お前がやればいいではないか。自分はもう興味はないのだから」。

これが、ホーネンが日本まで教えにきてくれた理由です。

ある人がファミリー・コンステレーションを体験してみたいと思い、そのワークショップに参加しました。そこではムーブメント・オブ・ザ・ソウルの手法を主として使っていました。システムの機能についての説明は特にありません。初めて参加した人が代理人として選ばれた場合、他の代理人の見せる感情や動きを目にして、その人もドラマチックに演じたくなる可能性があります。クライアントの助けになりたいと願い、ワークショップに貢献し、ファシリテーターの邪魔をしないためにも良い仕事をしたくなります。そして、その場を演技する場所として勘違いするかもしれません。そういった勘違いを無くすためには、参加者は自分自身の内側深くから湧き上がる感覚に従うことを意識していなくてはなりません。

代理人が床に崩れ落ちたとします。ファシリテーターはどうしたらいいのでしょう。それを見て「誰かがここで死んだか、殺されたに違いない」と、そう思う人がいます。きっと、そうに違いない、あの場で誰かが殺されたはずだと推定します。次のクライアントのコンステレーションで、二人の代理人が床に崩れ落ち、倒れます。なぜなら代理人たちは、先のコンステレーションではそんなふうにやっていたのを見たので、これがコンステレーションのやり方なのだと想定するからです。

ホーネンはセラピストとして仕事の現場でコンステレーションを用いるとき、診断を下すための情報源としてムーブメント・オブ・ザ・ソウルを使ってきました。

二〇〇二年にヘリンガーが東京に来たとき、代理人の一人は隠れん坊を始めたかのようにステージ脇の緞帳《どんちょう》をしまう囲いの陰に隠れました。また、ステージから飛び降りる人もいました。コンステレーションの回が重なるにつれ、代理人はどんどん過激になっていったのです。私の方が上手にできる、私の方が派手に床に倒れることができるとでも言わんばかりに。ヘリンガーはエスカレートしていく過程を制御しませんでした。それを一般の参加者は見ていくことになりました。

トレーニングによって、まずシステミックな方法を教えたいとホーネンが強く希望したのは、そのような演技じみた表現を回避してもらうためでした。アジアではまだコンステレーションについての知識はさほど広まっていない段階です。その原型となる印象が決まってしまう前に、システミックな方法がムーブメント・オブ・ザ・ソウルが誕生するための基盤となったことを知ってもらう必要がありました。そして、その基盤は誰にとっても学ぶ価値のあるものだと伝えたかったのです。

ムーブメント・オブ・ザ・ソウルの過程を見ているとき、私たちに見ることができるのは氷山の一角でしかありません。その水面下に隠れている部分で、実際は何が起きているかを私たちは目にすることができません。

ムーブメント・オブ・ザ・ソウルを見て感動するのは、見た者の側が自分の心の中にその問題と同調する部分を感じとったからではないか？という仮説が成り立ちます。そのもつれや、問題の中に巻き込まれている人に対して共感が湧き、自分の中に共通する痛みを感じることができるからです。

ホーネンはヘリンガーと長い間一緒に仕事をしていたことから、ベルリンではある一定の評価を受けていました。多くの人がホーネンのところを訪ねて、「ヘリンガーはもう私の個人的な問題に対して働きかけてくれないので、あなたが代わりにやってくれないだろうか」と求めました。ホーネンがそのクライアントに、「今までにコンステレーションはやったことがありますか」と尋ねたら、その人は「もちろんあります」と言います。「半年前に誰々さんのワークショップに参加してきました」。

ホーネンは尋ねました。「そこではどんなことがありましたか」。クライアントは答えます。「ワークショップ直後のしばらくの間はすごく良い気分だったのですが、四週間が過ぎ、五週間も経ってしまうと、あの沸き立つような興奮を覚える感覚が無くなってしまったのです」。ホーネンは再び尋ねました。「では、あなたがそこで得た最終段階の解決の映像《イメージ》とはどのようなものだったかを教えてください」。

クライアントが答えます。「はっきりとはわかりません。人は動いていて、時々私は母親の悲しげな様子を見て、すごく心を揺さぶられました。最後の段階でわかったのは、妹は私の後ろに立っていました。それで良い気分になったのです」。

そのワークショップに参加したクライアントたちは参加費を返金してもらうべきだ、というのがホーネンの感想です。彼らが体験したのはコンステレーションではありませんでした。それはまるで芸術的なダンスショーやバレエを見たようなものです。人は劇場でバレエのチャイコフスキーの「白鳥の湖」を見て感動します。人は動き、舞い、演じ、観客は感動を覚え、余韻を味わいます。しかし、その余韻も数日後には消えてゆきます。

最後の段階で、「妹が私の背後に立ったときに心地よく感じた」とクライアントは言いました。しかし、そこは妹の本来居るべき場所ではありません。妹は、自分が兄を守っているというふうに感じていたのかもしれません。そうすると問題は再び繰り返されます。その場面は問題を見せているに過ぎなくて、解決ではないのです。クライアントはそれに感動を覚えますし、その感動は納得のいくものです。人はまた、ハリウッド映画を見ても感動します。ワークショップで起きることも、ハリウッド映画のようなものだったりすることがあるのです。

多くの人がこのムーブメント・オブ・ザ・ソウルという方法に大変惹かれます。ドイツでは、「ようやく、あの厳しく動きを制限していたヘリンガーが私たちに動くことを許してくれた」と評判が立ちました。代理人は動くのが好きです。しかし、その結果によってクライアントがどうなったかの判断は、三ヶ月後、四ヶ月後までその影響が続いているか、問題が繰り返されなくなったかを見て確認しなくてはなりません。

二〇〇二年にヘリンガーは、オーストリアのウィーンでユダヤ人の団体のためのセミナーを行いました。ホロコーストで殺されたという人たちの子孫がそこにいました。ヘリンガーは加害者の側として三人の人たちを立たせました。被害者の側にも三人の人を立たせました。この頃のヘリンガーの最新のテクニックは椅子に座ったままで、その過程を一切見ないというものでした。なぜなら、この目の前で進行しつつある動きに対して、彼はわずかな影響すら与えたくなかったのです。

そのセミナーの現場で、ある男性の代理人は戦争時の犯罪行為での加害者を表していました。その人は被害者の方に向かって行き、その手をとって、その立っていた場所から、最初に自分が立っていた加害者側の立ち位置まで被害者を引っ張って行き、そこで被害者に向かって「済まなかった」と言うというものでした。

何か素晴らしい解決が発見されたかのような場面です。しかし、それは解決と呼べないのではないか、とホーネンは考えました。人は無意識のうちに演技をしたがるものです。加害者が被害者のところに行って、手をとって加害者たちの場所まで連れてきて、その上で「済まなかった」と言うのです。被害者の側は、それをどう感じるでしょう。

④加害者と被害者の関係・デモンストレーション

（ホーネンは参加者を加害者と被害者の代理として数人立たせ、動きを再現させる）

ホーネン：どう感じますか。

被害者　：怖いですね。

ホーネン：そうです。とても怖いです。まるで、再び危害を加えられるかのような恐怖が湧き上がります。ヘリンガーはそれを止めようとしませんでした。代理人を完全に信頼したいという理由からです。しかし、代理人が必ずいつも真実を表現するとは限りません。代理人は、ときに馬鹿げたことをやることがあります。

加害者が被害者のところに近寄ってくるだけで、被害者の方は不安になり、怯えます。これは加害者と被害者という二つの別のシステムの間で起きていることです。そのエネルギーをよく観察しなくてはなりません。想像してください。その動きが、加害者の側から始まるとすると、その二人の状態はどう変化するでしょう。そのエネルギーをよく見てください。

加害者は被害者の側に向かって進んでみてください。

（加害者が被害者の方向に向かって半歩ほど踏み出す）

このエネルギーが見えますか。何が起きているのでしょうか。被害者は後ろに下がっています。ムーブメントオブ・ザ・ソウルの手法が使われたとしても、この二つのシステムの間では、加害者の側から動きを始めては過去の現場を延々と再現することになるのです。先にお話ししたイスラエルでのコンステレーションでは、開始からしばらくして、殺された側の方から殺した側に手を動かしていったのです。その点を考えた上で、ここでの動きを見てください。そのエネルギーを見てください。

もし、被害者の側が望むのであれば、今度は何が起きるでしょう。加害者が被害者に向かって、こちらの方に動けと指令を出すことはできません。その指令自体が加害的になってしまうからです。しかし、もしここで被害者側が望むとしたら、どうなるでしょうか。被害者が動くのを許し、それを眺めて見ることにしましょう。ゆっくり時間をかけてください。

（被害者が動き始める）

（加害者が少し動いて）

加害者は、そこに留まったままでいてください。

（被害者が動き続ける）

この動きの違いが見えますね。その場のエネルギーの違いもわかりますね。どうやら被害者の彼としては、自分にはもっとスペースがあるのを確認したいかのようです。最初、彼は後ろに下がりました。加害者は、前の方に進もうとしました。

だからこのように、本当に慎重に動きを見なくてはならないのです。

あと五分間、この経験を共にしてみたいと思います。（被害者に向かって）あなたが危険を感じるときに、あなたは彼に動くことを許したいと思いますか。

被害者　：「動いてほしくないです」。

ホーネン：今は、被害者側だけが動きます。被害者が危険を感じるたびに、被害者はノーと言います。被害者はノーと言っていいのです。通常、代理人というのは、自発的に嫌だとかダメだとか気分が悪いと言うことは許されていません。許されているのは動くことだけです。彼らが勝手に何かを言おうとしてもヘリンガーはそれを許しません。では、今度は双方とも動いていいことにします。ここではただの経験としてやってみることにします。加害者の側が被害者に対して何か圧力を与えるような感覚を持った瞬間に、自分でサインを出してください。このように。（ホーネンが手をあげる）そして、自分の感じた通りの動きを続けてください。（被害者が動き続ける）

加害者も自由に動いていいです。自分の内面に湧き上がる動きに従ってください。相手のことを気にかけないで、自分の感じたとおりに動いてください。（被害者、加害者共に動き続ける）興味深いと思いませんか。被害者の側が加害者を見ないことによって、安全だと感じているかのようです。再び繰り返します。これは和解ではありません。わかりますか。

ムーブメント・オブ・ザ・ソウルの手法に反対するつもりは一切ありません。でも、その場に起きることに関しての微妙さ、繊細さをほとんどの人が理解しないままこの手法を使っています。

現在、ヘリンガーは自分の仕事に対して「ムーブメント・オブ・ザ・ソウル」という呼び方をやめ、その後発見した方法などを融合させ、「ニュー・ファミリー・コンステレーション」という名称を用いています。

［脚注］

（19）「ホロコースト」という言葉が使われ始めたのは一九七八年の米国製ドラマ放映以降のこと。テレビドラマ「ホロコースト」によって流行語となり、「ユダヤ人大虐殺」を表す言葉として普及し、また、このテレビドラマが多くの国々で放送された結果、広く定着しました。『夜と霧』などの戦争直後に出版された書籍に「ホロコースト」という語は見られません。全《ぜん》燔祭《はんさい》《ユダヤ教の祭事で獣を丸焼きにして神前に供えるいけにえ》。特に火による大虐殺。全焼死。（第二次大戦中のナチスによる）ユダヤ人の大量虐殺があったとする説。

第6章　コンステレーションQ&A

コンステレーションが日本に紹介されたばかりの頃は、誰もが知らないことだらけ、わからないことだらけでした。全てが新鮮で、謎だらけだった時代に浮かび上がった質問集です。それら一つひとつに丁寧に回答していきます。
コンステレーションを知り始めたばかりの人にとっても、経験者にとっても、漠然とわかった気になっていたことや、明確に把握できず曖昧に放置していた事柄についても、これらの質問と回答は光を灯してくれるものとなるでしょう。

【1】　親の罪悪感を減らそうとする子ども

質問：子どもが「お母さん、私がやります」と言った時点で、子どもには母親と同じ罪悪感はないのですか。

回答：「お母さん、私がやります」と言うことで、子どもは母親の罪悪感を減らしたと感じ、同時に自分を犠牲にします。そうすると、母親に対して感じている自分自身の罪悪感と折り合いをつけることができると感じます。だから、子どもが罪悪感から解放されたいとすれば、こう言うのです。「お母さん、私が代わりにやります」。それが意味しているのは、「お母さん、私があなたの代わりに死にます」ということです。

子どもは逆に、自分が役に立っていることに誇らしさを感じます。自分には罪を感じる必要がないと、それを潔白さとして受け止めます。

【2】　効果を他の心理療法と比較する

質問：コンステレーションはどんな人にも効果があると思いこんでいました。コンステレーションで問題に働きかけた人は、たとえすぐに効果を実感しなくても、どこか深い部分で必ず変化しているのだろうと思っていたのですが、コンステレーションでも効果が出ない場合があり、「中断された親へと向かう動き」という手法を用いることがあると聞いてちょっとびっくりしています。コンステレーションの効果をどうとらえたらいいのでしょう。

回答：以前アメリカで、いくつもの心理療法を比較して、どの療法がより効果があるかの調査がされました。精神分析なのか、行動療法なのか、催眠療法なのか、ゲシュタルトセラピーなのか、またはカール・ロジャースによる会話を繰り返す療法なのか。

この研究は医学界がスポンサーとなって行いました。プラシーボも心理療法の一つの手法として承認し、実験に加えました。プラシーボとは、架空に創りあげた、薬品による医学的効果とされない方法のことです。たとえば、患者に薬だと偽って、実はただの粒状の砂糖を与えるといったことです。

結果として、心理療法は三十パーセントの人たちに効果がありました。クライアントたちは心理療法的な介入に納得して、満足しました。その結果を一ヶ月後、三ヶ月後、一年後、二年後と追跡調査を行いました。一方、プラシーボという擬似療法であっても三十パーセントのクライアントに同じ結果を出しました。ですからセラピストは、三分の一のクライアントに対しては成功を収めると言えます。

その結果を見た人たちは一様にショックを受けました。すなわち、どのセラピーをクライアントに対して行うべきかという問いに対して、結果はあまり差がないというものだったのです。

次に調査したのは、誰がセラピーを行うのに最も適しているかでした。サイコセラピストなのか、医者なのか、ソーシャルワーカーか、良き友だちなのか。果たして結果は、全員がほとんど同じ成功率となりました。医者が他よりも二パーセント良い結果を出したのですが、それは医学界がスポンサーになっていたからかもしれません。これはどういう意味でしょう。十年もの期間をかけて訓練を受けてきたサイコセラピストであっても、プラシーボといった擬似療法や、良い話し相手になってくれる友人と同じ程度の結果を出すにしか過ぎないのです。それを理解しておくことです。心理療法的な介入が役に立たない人も中にはいます。

ある人はセラピーの場に戻って来る必要がなくなるでしょう。または「ああ、すばらしかった。ありがとう、ありがとう」と涙ながらに感謝して帰り、その後何も変わらない場合もあります。

最初から誰に対して何が効いて、何が効かないのかを見分けることはできません。

ある夫婦はセッションを終えた後、二度とそのセラピストのところには戻って来ませんでした。それでセラピストはその夫婦に対して、自分のやり方が上手くいかなかったのだと思っていました。その三ヶ月後に新しいクライアントが来て、あの夫婦が推薦してくれたと教えてくれました。たった一回のセッションを受けただけで、最初の夫婦の抱えていた問題はすっかり片付いてしまったといいます。

このように、セラピストやファシリテーターの側には、それが本当に役立ったのかどうかを見分ける術《すべ》はありません。

●考察1　かまってもらいたいクライアント

ときには、クライアントはセラピストやファシリテーターからの同情と共感だけを欲しがっている場合があります。あるいは、孤独を感じたくないというだけでセラピーに来る人もいます。また、自分を変化させることを望んでいない場合があります。

コンステレーションを行っているファシリテーターがクライアントに対して「通常問題解決のためには最大三回ほどのセッションを行っています」と言ったとします。それを聞いたクライアントは、「それではダメだ。自分が求めるのは二年間はかかわってくれるセラピストなんです。そういう人を探しているのです」と答えたとします。その場合、そのクライアントは変わりたくないということがすぐに分かります。彼らが求めているのは解決ではなくて、関わり合いだったり、かまってもらうことだったりするのです。

●考察2　中断された親へと向かう動き

また、別のクライアントの例では、絶望的な状態でワークショップや個人セッションにやって来て、その人には本当に変わりたいという切望があるとファシリテーターが感じたとします。しかし、何をやっても問題の核心に触れたという感覚が得られない場合があります。

そのようなときにヘリンガーは「中断された親へと向かう動き」、すなわち「幼少時における親子間の関わりに邪魔が入ったケース」だとしています。特に母親との関係でそれが多いことをヘリンガーは発見しました。

例えば、赤ん坊が親を求めて泣いて、手を伸ばした先に母親がいて抱きとめてくれたなら、その赤ん坊は安心し、温もりを感じ、愛情を感じることでしょう。しかし、いくら泣き叫んでもそこに誰もおらず、抱きしめてもらえない状態が繰り返されるなら、いずれ赤ん坊はあきらめてしまい、手を伸ばそうとはしなくなり、感じることのできない安心感を求めなくなります。そこにはもう未来への信頼はありません。

自分の母親さえ信頼できない人が、どうやって他者を信用することができるでしょう。親への信頼がない人は誰も信用しません。それが彼らの問題を物語るわけです。たとえ解決策を見つけられたとしても、そのようなクライアントには解決が可能だということを受け取る余地がありません。なぜなら、彼らは信用しないからです。

●考察3　その動きを完了させる

そのような場合、幼少時に起きた母親との関係で、問題となった心的外傷を負った体験の時点までセラピストはクライアントと一緒に戻らなくてはいけないのです。それは身体的な療法と催眠療法を組み合わせたもので、クライアントをその原点に立ち戻らせていきます。ヘリンガーは、クライアントに対してこのように**（ヘッドロックする様に）**します。それは第二の出産の過程をクライアントにくぐり抜けさせるものです。とても素晴らしい方法なのですが、コンステレーションを求めてワークショップにやって来たクライアントの多くはあまりにも異なった手法に混乱します。クライアントに対してシステム上のもつれを見せるなど、ファシリテーターができる方法をすべてやり尽くしたにもかかわらず、クライアントが変わらないときには、この方法も選択肢の一つです。

コンステレーションはどんな人にも効果があると思う人は、確かに正しいのです。コンステレーションを体験した後では確かに人はなんらかの変化を経験します。多くの人が、二週間後、三週間後、一ヶ月後に、あるいは三ヶ月後に自分の内側の何かが動いていっているのを感じるでしょう。しかし、中には再び以前と同じパターンに取り込まれたような感覚を持つ人もいます。だから、コンステレーションが役に立たない場合には、別の方法へと可能性を広げてみることです。コンステレーションに付け足すという意味で、親と子どもとの関係を再度つなげる手法はあります。それをヘリンガーはコンステレーションの手法につけ加えたのです。

すべてのクライアントが全員見事に異なっています。ファシリテーターは、クライアントの手助けをするために裏技も含めて、たくさんの技術を身につける必要があります。ワークショップは参加者の物事のとらえ方を変え、トレーニングはシステム上の法則を身につけるためのもので、他者との関わり方をそれまでとは根本的に変えてしまいます。

【3】 ファシリテーターが基準とするもの

質問：父方家系の中に何か鍵があると見るべきか、母方家系から見るべきか、判断を迷う場面で、「姉と妹」のケースではファシリテーターが母親の家族に問題があると強く主張していた場面がありました。ファシリテーターの判断の基準や確信とは何なのでしょうか。

回答：理由は二つあります。一つは経験によるものです。心理的なことに関しては、もしかしたら私たち人間の方がコンピューターよりも早く微細な気配の変化や、何かが匂うといった直感が働くかもしれません。ファシリテーターの問いかけに対してクライアントの女性は、「いや、何もないと思う」と瞬時に返しました。その反応の速さに何かがあると感じたのです。それが第一の理由です。

二つ目の理由は、知識と、過去に経験してきた蓄積された症例の記憶です。統合失調症、双極性障害、神経症の場合の症例のほとんどや、境界性パーソナリティ障害などの人格が幾つかに分かれる症状を持つ人たちは、加害者と被害者の双方と同時に自分を同一化させている可能性が高いと考えます。

統合失調症の人に関して、ドイツでのあるクライアントの例があります。その人は統合失調症でした。何がわかったかというと、その人の母方の祖父がナチスの一員でした。ナチスはユダヤ人を迫害していたとされています。あともう一人の祖父、父方祖父はナチスに対しての抵抗運動をしていたユダヤ人でした。そして、祖父たちをこのようにコンステレーションで立てて眺めてみると、誰に自分が繋がりを実際に感じているかが見えてきます。ナチスを絶対悪として認識している限り、ユダヤ人をかわいそうな被害者としてとらえ、頭の中では道徳的観点から優先順位を求め、抵抗運動をしていた方に親近感を抱くかもしれません。でも深層意識では、私たちはどちらの祖父にも繋がっています。表層意識は誰が加害者で、誰が被害者かと分けたがります。しかし、このクライアントの無意識層には加害者としてのエネルギーと、被害者としてのエネルギーが同時に存在します。

これがさらに複雑なのは、この抵抗運動をしていたユダヤ人の父方祖父、この人は同時に加害者でもありました。なぜならこの人の目標は、ナチスの人たちを殺すことでした。それはつまり、被害者として自分を見ていながら、もう一方では加害者でもあったのです。また、加害者とされていたナチスも、ソ連のほか連合国側が犯した罪に関しても濡れ衣を着せられ、やっていないことまでやったことにされていたという事実もあります。それに付け加えると、ドイツ人兵士は、捕虜になってからは国際法に反する虐待を受けてもいました。そうすると、ナチス党員であった母方祖父は戦後自分を加害者と見なしていながら、ある事実では被害者でもありました。父方祖父と母方祖父の双方が、加害者と被害者という二つの現実を抱えていました。このクライアントは深層意識下で、両方の祖父と同一化し、一つの体の中に被害者と加害者の両方を二重に混在させていました。

このような複雑さが、先ほどの彼女の世代とその次の世代に現れています。だから彼女の中には混乱があるのです。その結果が、統合失調症という形で現れることもあります。こういった例があるため、ファシリテーターは統合失調症のクライアントや、境界性パーソナリティ障害のクライアントの人たちに対しては、家族の過去に実際に何が起きたのかを詳しく聞く必要があるのです。クライアントは瞬時に「何も起きませんでした」と答えるかもしれません。でも、そういった反応から、そのクライアントの何かに触れたのだな、とわかるのです。というのは、クライアントが一瞬の迷いもなく瞬間的に「何もありません」と言うなら、それは何かを指し示しています。

重要な秘密の一つは、クライアントを信用しすぎないということです。質問に対して間髪をいれずにこの情報が出てくるなら、それは何かを防御している可能性があります。この早すぎる反応が鍵になります。だから、クライアントの意識の中に入っていって、これまでは隠されていた、新しい情報を探さなくてはいけないのです。母親側なのか、父親側なのか、明確になるには時間がかかりました。しかし、明確になった時点で、その両方から来ているものだったとわかりました。

【4】　戦争の影響について

質問：世代を遡《さかのぼ》っていけば、皆、戦争に行き当たっていると思うのですが、その辺をどう見ていったらいいのか疑問に感じました。

回答：確かにそのとおりです。しかし、すべての文化、すべての民族やグループがそうだというわけではありません。

たとえば、メキシコの場合、第一次世界大戦と第二次世界大戦にはあまり関与しませんでした。しかし、メキシコには革命がありました。一方、ドイツと日本は戦争に深く関わっていました。戦勝国側からはドイツは第二次世界大戦中、五百万から六百万人の人を殺した責任があると言われています。ですから、こういったコンステレーションというセラピーがドイツから出てきたのは不思議ではないのかもしれません。

ユダヤ人の被害者の話ばかりが取りざたされがちですが、ソ連ではスターリンによって二千万人のロシア人が殺され、中国の文化大革命では死者は二千万人とも四千万人とも言われています。私たちはそれらの事実を見ることを拒否します。事実と向き合わずに、意識から切り離します。なぜならば、私たちは生きていかなくてはならないからです。五百万、六百万、二千万、四千万人もの殺された人々を意識しながら、人間の一人として喜びの歌を歌ったり、幸せを噛み締めたりすることができるでしょうか。日本でも、ある意味でドイツと同じような問題に直面しています。日本もアジアを侵略したと欧米からは認識されています。しかし、日本人の場合には、この問題はさらに複雑さを増しています。日本には原子爆弾が落とされました。それによって、自分たちを被害国の一つとして見ています。しかし、原爆を脇に置くとしたら、欧米から見ると日本は加害国です。そのために日本の場合は、もう少し複雑と言えます。

国に起きた問題は、多くの家族システムの中での問題の元となっています。どこの国でもこのような心理療法のトレーニングを行うと、症例の多くはほぼ空襲などの大量虐殺という出来事に繋がります。だから、家族システムの中では、過去に起きた社会的な現象が現在の私たちに大きな影響を与えていると言えるのです。

しかし、幾つかの国では、三日間のワークショップをしても、一度も大量虐殺のような大惨事や戦争に関連する問題が表面に出てこないことがあります。コスタリカでは、別の問題を抱えていました。家庭内暴力のエネルギーが多くの家族システムの中に存在しています。それは殺人を犯すのと同じくらいの影響をもたらします。

ここで誤解していただきたくないのは、すべての孫が、父親や祖父が戦争に行ったからといって、統合失調症になるわけではないということです。クライアントがセラピーを求めて訪れたとき、セラピストやファシリテーターはその人の家族の背景を見て問題に働きかけていきます。「姉と妹」の例でのクライアントの場合には、今まで彼女が姉に対して抱いていたイメージとは異なるイメージが生まれました。父親と母親に対してのイメージも変わりました。伯父さんに対してのイメージも変わりました。父親が一緒に戦った仲間、戦友に対してのイメージも変わりました。また、加害者、被害者に関しても異なるイメージが今は生じています。彼女が、姉のためにこのコンステレーションを立てたのかどうかはわかりません。でも、このコンステレーションで現れたものがきっかけで、ここにいる人たち全員に影響が及びました。だからこそ、この療法はたくさんの人を惹きつけるのかもしれません。私たちが過去に起きた出来事に関して、今までとは違う映像と向き合うことができるからです。

【５】　クライアントごとに臨機応変に対応する

質問：通常のワークショップでは、ここで体験したことを他の人に話さないことを約束しますが、「姉と妹」の例では、ここで起きたことをお姉さんに話すように、という提案がなされました。その理由を教えてください。

回答：このコンステレーションは彼女のためのものであると同時に、彼女の姉のためのものでもあります。だから彼女に、お姉さんにこの話をしてくださいと言いました。

何事もこうでなくてはいけないと決まっているわけではないのです。一人ひとりの必要に応じて取るべき措置が違います。

この療法に関しては、厳密な決まりごとはありません。あえて言うなら尊重が基本でしょうか。例外付きのルールならあります。私たち人間は何かを信じたいと思っています。たとえば、宗教で言うならクリスチャンは十戒を信じています。皆さんはコンステレーションにも幾つかの決まりごとがあって、それを信じて従うなら物事は上手くいくのだろう、安心できると思うのでしょう。でも残念ながら、人生においては自分で感じ取り、体験して、進んで行くしかないのです。他の人の価値観よりも自分で感じ取ったものを信じてください。常に例外は存在します。

ファシリテーターはクライアントの一つひとつの問題、症例やシステムに合わせて、対処法を柔軟に変えていきます。

日本でヘリンガーの本があまりたくさん翻訳されていないのは、ある意味で幸運なことだと思います。たとえばメキシコでは、ヘリンガーが書いた三十五冊の本の内、七冊が翻訳されています。皆がその本を携えてホーネンのセミナーに来て、「この本の中の七章の六十ページで、ヘリンガーはこう言っています」などと尋ねるのです。

ホーネンはヘリンガーとともに、七年近く世界中を旅しました。ヘリンガーの何千というコンステレーションをホーネンはビデオに収めてきました。多くのコンステレーションの内容について、ホーネンはヘリンガーと話す機会を持ちました。その数々の記録の中でヘリンガーが話していることと、実際にやっていることが全く正反対だということが多々あります。

人々は、ヘリンガーが話していることのすべてについて、それに従って生きるなら人生が上手くいく、といった原理や原則のように考えます。しかし、実はそうではありません。ヘリンガーは一つの心理療法の先駆者として大変優れた人です。そして、個々のケースに常に真剣に向き合い対処しています。ある人の症例では「これはこうでなくてはいけない」と言うときもあります。でも十分後にまた別の症例を見て、全く正反対のことを言うこともあるのです。

優れたサイコセラピストは皆そうですが、ある意味でどんな手を使ってでもクライアントを助けようとします。そういう質問にヘリンガーなら「先ほど私のやったコンステレーションについて、私はもう気にかけていないのです。もはや関係ありません。もし、あなたがそれにしがみついているのなら、それはあなたの問題でしょう」と言うでしょう。

だから、コンステレーションで得た一つの解決の方法が誰かにとって上手くいったからといって、似たような問題を抱える自分にも同じ方法を適用できるとは限らないと覚えておいてください。一番いいやり方としては、ただ、そのエネルギーを感じることです。言葉にひっかからないでください。言葉というのは難しいものです。誰かのための言葉を収集することに躍起になって、自分に必要な感覚を見失うこともあります。感じ分け、行動することによって、自分に課されていた制限が解かれ、世界は広がるのです。

【６】　本人の代理人が横たわった意味

質問：「姉と妹」のコンステレーションについてですが、クライアントが横たわってしまっていいのですか。先ほど私は本人の代理人でしたが、横になったとき、そのまま死んでしまうのかと思いました。

回答：構いません。なぜならばこれは無意識下ですでに起きていることですから。ときに私たちは深層意識では、すでに亡くなった人たちと一緒にいたいと願っています。先ほどの二人の姉妹は死のうとしているわけではありません。その代わりに、彼女たちが実際にやっていることは、自分自身を犠牲にして、伴侶を持たないとか、子どもを持たないということです。一緒に生きていきたいと思える人をまだ見つけてない、とクライアントは言いましたが、それは彼女がすでに誰かとの関係に身を投じていることを暗に伝えていました。彼女は無意識のうちに、ここに横になっていた人たちと深く繋がっているのだと考えられます。

頭では、私たちはそうは考えません。でも、事実上これが彼女たちの行っている自己犠牲なのです。多くの人たちが、たとえば自殺をしたり、何らかの事故で亡くなったりすることで自分を犠牲にします。それは、そういう方法で愛を表現しているということなのです。子どもは親の代わりに死ぬことをいといません。クライアントの代理人が現していたのは、父親を守ろうとする行為です。

「お父さんの代わりに私が死にます。お父さんの亡くなった戦友の方々への思いは私が背負います。だから、お父さんがやらなくてもいいのです。私がやります」。

子どもの盲目的な愛情です。自分を犠牲にすることでは、他の誰も満たされません。過去に犠牲を払った人と一緒に死のうとすることは、亡くなった人たちを尊重することにはなりません。

【7】 着眼点はクライアントの必要に合致すること

質問：「姉と妹」のコンステレーションで、伯父さんが横になった際に、最後に伯父さんの母親ではなくて、伯父さんにとっては妹であるクライアントと姉の母親が膝枕をしました。あの場面で伯父さんの母親をそこに配置することも可能ですか。

回答：そういうやり方もできます。しかし、それをなぜやらなかったかというと、このコンステレーションの中では、あの女性の代理人はクライアントと姉の母親としてあそこにいたのではなく、兄の妹としていたからです。なぜ、ああいうやり方をしたかというと、過去に起きた出来事によるもつれとクライアントがどのようにして関係し合っていたか、システム上の見るべき優先順位を指し示すためでした。そうすることでさらに明確になることがあるからです。母親は自分のそばにいたけれど、父親の近くにはいなかったのはなぜか、という点が明白になります。母親の愛は、亡くなったお兄さんの元にありました。それを、クライアント自身によりはっきりと見てもらうために、ああいう方法を取りました。

クライアントの母親は、妹として兄に向かって、「私は自分の子どもの面倒を見なくてはいけません」というふうに言うこともできたのです。妹は「あなたを、私たちの母の手にゆだねます」と言うこともできました。あるいは、母なる大地に向かって「家族の祖先の手にゆだねます」と言うこともできたかもしれません。でも、今回は兄と妹の関係を優先させたのです。なぜなら、兄弟姉妹の絆とはどれほどのものなのかをさらに明確にさせることは、このクライアント自身が姉妹の絆を見ることにも関わるためです。とてもいい観察ですね。

【8】　罪悪感を見つける

質問：誰かが罪悪感を持っている、ということをセラピストはどうやって見つけるのですか。
回答：それは難しい質問です。クライアントからの情報によって、そういったことを発見することが多いです。基本的にはシステム論的手法を通して見つけていきます。
たとえば、誰かが悩んでいる、苦しんでいるとします。その家族の中で何世代も前の人が苦しんだ事実があり、その苦しみが現在の自分や、自分の家族に何らかの関係があるとき、そこには多くの場合、罪悪感があります。だからシステム論的観点を通して、それを突き止めます。過去の出来事が、現在のこの場所で調和を取り戻すことを求めているのだと、秩序に則って順序立てて観察するとわかってきます。
ヘリンガーとホーネンは、そういったことを現象学的にどうやって見つけることができるのかという対話を重ねました。それは上級クラスでの課題となるものなのです。

欧米でのワークショップではどうかというと、代理人に「自分で感じた通りに動いていい」というと、普通は誰かのところに真っすぐ歩いていきます。日本では多くの人が最初の一歩を後ろに下がります。代理人が輪を描くような感じで歩きまわる、円を描くように動く場合は、通常、罪悪感に繋がっている、あるいは混乱を表すということがわかりました。そのようなとき、ファシリテーターの感覚には、この家族システムの様子に符合するのは罪悪感なのか、混乱なのかという問いが浮かび、もし罪悪感の方が状況に合うとしたらそれは誰からきているのかということです。しかし、現時点では、システム論的観点とはどういったことであるかを、土台として身につけてもらうことが先決です。現象学的手法については段階的に触れることにします。

【9】　コンステレーションにおける感情の扱いについて

質問：私はロジャースにしても、フォーカシングにしても、感情のブロックというのは、ある程度解放する必要があるという印象を持っていました。コンステレーションでは、たとえばクライアントがあまり感情を見せないような感じで終わることがあります。それは効果には関係がないのか、ある程度あるのかということをお聞きしたいです。

回答：あなたの言っていることはそのとおりです。コンステレーションに関しては、感情を表現するということは優先順位の上位にはありません。感情が湧き上がったら、ファシリテーターはそれを許したとしても、そこに時間制限を加えます。原初的な感覚というのは、だいたい七秒間ぐらいのものです。悲しみが表出したら、そこから七秒数えます。それ以上クライアントが感情を見せているとしたら、それはクライアントが実際の感情よりももっと強く表すことで何か別のことをしているととらえます。

（一人を指差し）この人が代理人をした時に何度か悲しみを表していました。しかし、いつも見せていたのは五秒か六秒くらいで、次の瞬間にはすっきりとしていました。それは原初的な感情だったととらえることができます。ヘリンガーは、感情を解放するという手法に関して、かつて十五年に渡って研究し続けました。その結果、彼は「感情の解放にはしばらくの間は良い影響もある。しかし、それだけでは、根源にはたどり着かない」と、結論づけました。

問題の根源となっているところにもつれがあります。あるクライアントは父親の病気に対して、無意識下で役立つことをしようとしていました。感情を表出させても、その動機や、そのクライアントが何を選択していたかを解明することはできませんでした。その解明のために、コンステレーションという手法を用いるのです。もし、あなたが感情を解放するというやり方を使っていくとしたら、もっとたくさんの時間をかけなくてはなりません。その方法が間違っているのではありませんが、そのように始めてしまうと、それはもうコンステレーションとは違うセラピーです。

ヘリンガーは二十年もの間、クライアントの代理人を使って仕事をしてきましたが、クライアント本人と向かい合ってやってきてはいません。だから、クライアントをコンステレーションの場の中に入れるのは、どちらかというと新しいやり方です。本人に過去とのもつれとは何かを感じ取らせたいときとか、そのもつれの中に入っていった結果を見せたいときにしか、クライアント自身を場の中に入れることはありません。これがコンステレーションという方法なのですが、別の技法と組み合わせることも可能だとは思います。ただ私だったら、最初にフォーカシングをやって、その次にコンステレーションをやるでしょう。

では、あなたに質問です。クライアントの感情を解放させるために、もしあなただったらどういうふうに始めていたのでしょう。クライアントはそれに対して開かれていましたか。

質問者：いや、開かれてなかったです。

回答：彼女からは一切の感情を見ることができませんでした。ファシリテーターの側に彼女の感情の中に入っていこうという考えがあったとしても、彼女の側に開いているドアはありませんでした。彼女は頑固でガチガチで、手強い相手でした。

ファシリテーター側の観点から言うと、まず彼女が生きると決めていたなら、そのとき初めて彼女には手助けが必要となります。それはコンステレーションとは異なる心理療法でしょう。ファシリテーターが彼女に働きかけていたのは、生きる決断をするか、死ぬ決断をするかのその境目だけです。だから、感情を解放させる必要が開かれていたかについて、あなたが発見したことに同意します。

【10】　コンステレーションをどう使うか

質問：私はこれが心理療法だとは感じられませんでした。心理療法を受けることが可能な状態にまで、クライアントを準備させるためにはものすごく良いものだと感じているのですけれど、この理解はおかしいですか。

回答：場合によります。クライアントが統合失調症や境界性パーソナリティ障害といった深刻な症状を抱えている場合、コンステレーションだけでは十分ではありません。多様な角度からの治療が必要になります。使い方によっては、コンステレーションを諸般の心理療法における対応の出発点とすることも可能です。この方法を使うことによって、家族の家系の中にあるもつれの原点とはなんであるか、その根源を探り当てることを容易にします。

●考察４　長期的な関係を求めるクライアント

時間や回数の必要な、コンステレーションではないセラピーを望むクライアントはたくさんいます。彼らは一つのセラピーに行って四十回、五十回、六十回と通います。自分のことをわかってくれると感じられるセラピストを求め、毎週金曜日の午後三時に予約を取ります。それを習慣的に続けていると、セラピストを自分の家族の一員みたいに感じるようになっていきます。では、そもそも、なぜその人たちは、セラピストを家族やパートナーの代用とする必要があったのでしょうか。

コンステレーションだけで十分だと感じ、セラピストやファシリテーターとの関わりを望まないクライアントはたくさんいます。特に夫婦やパートナーシップの問題では、二人の抱えている問題の何もかもを第三者にさらけ出すことに抵抗を感じるのは自然な感情でしょう。夫婦やパートナー間の問題に関しては、当事者の問題にセラピストが深入りしないという点でコンステレーションは取り入れやすいセラピーと言えます。つまり、セラピストと関係性を作りたいという人にとっては物足りなく感じる可能性もあれば、問題の要点だけと向き合いたいという人にとっては楽に活用できるものです。

コンステレーションの一～二回だけで十分な、セラピーを継続する必要のないクライアントに対しセラピーを重ねた場合、いずれセラピストは物事を明確にしなくなり、そもそもの問題について会話を繰り返すようになっていくことがあります。それはただコンステレーションで得た解決となる結果に、お湯を注いで薄めるようなものです。

コンステレーションのファシリテーターの注意する点は、クライアントと議論をしないことです。しばしばクライアントは、自分がいかに苦しんでいるかとセラピストやファシリテーターを説得したがるものです。聞かされる側は、このクライアントはなぜそうする必要があるのか、何のために苦しみを承認してもらわなくてはならないかについて、その背景に着目する必要があります。クライアントの要求する承認に対しては同意することも、拒絶することも正解ではありません。

たとえば先のコンステレーション「姉と妹」のケースを例にすると、クライアントが生きたいのか、死にたいのか、それは本人の決断次第だということだけです。しかし、別の心理療法で別のセラピストであれば、その決断にたどり着かせるために一年以上かけたかもしれません。

もしかしたら一年経ったあとで彼女は「ええ、そうです。やっぱり生きたいです」と言うかもしれません。しかし、そう言ってしまうと、そのセラピストとの関係を継続させることができなくなる可能性が生じます。そこで、もう一年これを言うことを先延ばしにして、セッションを続けられるようにしたいと思うかもしれません。そうなると、セラピストがクライアントの決断に対して責任を負わなくてはならなくなります。セラピストとクライアントがそのような距離感を持つというのはよくあることです。

クライアントがセラピストに擬似恋愛感情を抱いてしまうというのはよくあることです。クライアントは「ああ、やっと自分のことをちゃんとわかってくれる、自分の言葉に耳を傾けてくれる人と巡り合えた」と思い込むからです。例えば、女性のクライアントは男性のセラピストのことを、「この人は、女の話に耳を傾けてくれる男の人なんだ」と思い込みます。セラピストは確かにプロフェッショナルとして、そのような真摯な姿勢で、その通りのことをします。しかし、仕事を離れた時間帯の彼らが夫、あるいは妻としてはどうなのかというと、それはセラピストの夫や妻のみが知ることです。

また同性の場合には、クライアントはセラピストのことを良い母親や良い父親のように思い始めることが多々あります。そうするとセラピストは心理的保護者としての責任を追うように求められることになり、仕事でクライアントと向き合っているという境界線を明確にしなければ、母親でいて欲しい、父親でいて欲しいというクライアントからの暗黙の要求を背負ってしまいます。

クライアントが本質的ではない何かをファシリテーターに対して投影し、現実と異なる期待をしてしまうことは回避すべきです。そういう意味では、コンステレーションとは長期的にかかわる心理療法とは異なり、活用方法が違うと言えるでしょう。

コンステレーションが他のあらゆる療法と比べて、より優れた対処をすることを前提としているわけではありません。ヘリンガーによるコンステレーションは、心理療法界においては新しく、流行っていて、興味深く、他の心理療法では見ることができない現象を見ることができ、とても魅力的なものです。ドイツではたくさんの人がコンステレーションのワークショップやセミナーにやってきます。他のセラピーには一切行ったことがないような人たちも来ます。結果が早く出て、ドラマチックで面白いから参加してみようという気になるわけです。

プロのセラピストは、目の前のクライアントにとってどの方法が必要なのか、最も適切な手法は何かということを感じ取り、見分けなければなりません。果たしてコンステレーションがこのクライアントには合っているのだろうか。もしかしたら彼らには身体に働きかけるセラピーが合っているのかもしれない。もしかしたら彼らに必要なのは他のことかもしれない。このコンステレーションという方法は、クライアントのためにはとても広範囲な可能性の内の一つでしかありません。

ヘリンガーの仕事ぶりを見た人々の多くは、ヘリンガーのことを心理療法家というよりは、グル（宗教的指導者）や精神的指導者のようにとらえています。コンステレーションの場におけるヘリンガーはあまりセラピストらしい行動を取らず、どちらかというとまるでシャーマンのような神秘的な力を借りているか、あるいはどこからか宇宙的な智慧を得て介入していくかのように見えるからです。しかし、誰もがヘリンガーのような存在感を持つわけではありません。

ですから、あなたが参加者やクライアントとしてコンステレーションに接するときには、自分が知っている様々な手段のうちの一つに付け加えるというふうにとらえるとよいでしょう。

【11】 システムと忠誠心について

質問：間違った「忠誠心」と「良心」との違いを教えてください。

回答：忠誠心は常に忠誠心なので、そこに間違いはありません。もしかしたら、間違った忠誠心という言葉ではなく「盲目の愛」という表現を使ったのかもしれません。ときに「忠誠心」というのは盲目的です。私たちを突き動かしている「忠誠心」について理解するなら、それが持つ磁力の大きさに驚くことでしょう。これは盲目的に私たちをある方向に駆り立てる力です。「忠誠心」はシステムに対しては奉仕しますが、生命に対しては何もしてくれません。

人類の進化の過程で、「忠誠心」は大変重要な役割を果たしてきています。生物として発展させ、より良く、より楽に生き延びることができるように、色々なものを生み出してきました。より上手く生き延びるということは、生物にとって非常に重要なことです。

人は太古から今に至るまで、集団や群れ、グループに属することで生きることができました。所属する集団が強ければ、私たちはより容易に生き延びることができます。進化の過程を振り返ってみると、集団を形成することは生存にとって非常に重要です。そのことに関して私たちは敬意を表さなくてはなりません。それは良いとか悪いとかいう判断を挟む余地のない事実であり、ただそういうものです。

生きるために作られた集団、群れ、グループというこれらをシステム（体系、全体）と呼びましょう。このシステムが唯一関心を持っていることとは、自らを強固にして、システム内の調和を保つことです。システムは自らの中の調和を保つという目的のためには、たとえいたいけな小さな子どもであっても容赦なく使います。

システムが表明します。「このシステムの中に除外された者がいるので、その人のために誰かが必要だ。誰かボランティアはいないか」と。

「はーい。私が行きます」と子どもが無邪気に手を挙げます。

システムは自らを補ってくれる存在として、それが幼い子どもだったとしても気にしません。システムは、そのシステムの調和にのみ関心があります。

一方、生命はシステムに関心を持ちません。生とは生命であり、生活であり、私たちの人生であり、生命同士の繋がりであり、生きることそのものです。生はとても創造的です。それは、とてもたくさんの色々な種類の生き方を見つけていきます。生は大変豊かで、この地球上に動物や植物やありとあらゆる物を生み出し、ひたすら生み出し続けています。そうして生み出された子どもたちの何人かは、ときにその中のシステムに仕えたくなります。

「どうぞお行きなさい」と、生はその子たちがシステムに仕えて命を落とそうが気にしません。生は十分に生み出し続けているので、その内の何人か、多少の人数がシステムに仕えて犠牲になったとしても気にすることはありません。生はそれ自体の継続と存続にしか関心を持っていません。「生」はキャンドルライトの灯った優雅なディナーのロマンティックな夜を過ごしてから愛を交わすことには興味を示しません。「生」はロマンティストでも平等でもないので、新たな生命を生み出すためにはどんな汚い手でも使います。生命を存続させ、連鎖させるためであれば、その方法は、それがレイプであろうと、キャンドルを灯した優雅なディナーから始まるものであっても、生にとってそれは一切重要なことではないのです。

システムもまた、ロマンティストではありません。システムは、自分を犠牲にする用意のある者を誰でも取り込みます。システムも平等ではありません。システムは、システム自体の必要を満たす存在、次の世代の誰かが自殺をしても、うつ病になったとしても気にしません。重要なのは、誰かがシステムに仕えること、システムの中の不均衡を解消するために何かをすることです。

ここにシステムがあります。

(システムの代理人を立てる)

システム自体はロマンティストではなく、システム自体を安定的なものにしていくことにしか興味がありません。そして、ここには生それ自体が立ちます。

（生の代理人を選ぶ）

生もロマンティストではなく、生命を生産し続けることにしか興味がないのです。このシステムと生の真ん中にクライアントがいます。

（クライアントの代理人をシステムと生の間に立てる）

ファシリテーターはクライアントにその磁力と、それによって起きているもつれを見せます。クライアントが自分の所属するシステムに仕える選択をしても、それは間違った忠誠心ではないのです。ファシリテーターはクライアントの選択を尊重します。また、クライアントが生に仕えると決断したとしても、それもまた尊重するのです。

ファシリテーターはクライアントを取り巻く環境や所属するシステム、生命を司る世界の主人ではありませんし、選択するものについて、正しいとか間違っているとかを判断する裁判官でもありません。ただクライアントに見せるだけです。そして、その結果を見たクライアントが、どのように決めていくかに任せます。しかし、クライアントにとってのその決断は簡単なことではありません。こっちが嫌だから、あっちに行くというような決め方はできません。そのために、このシステムと生という二つの力に対して、クライアントが真に望んでいるのは何なのかを感じ取ってもらうために、ときにはゆっくりと時間をかけなくてはならないのです。

忠誠心は忠誠心でしかありません。でも、それはときに愛が盲目的な愛であるように、もしかしたら盲目的な忠誠心かもしれません。愛が愛であるだけで全能とは限らないように、忠誠心も忠誠心であるからといって全能ということではないのです。そして、クライアントはシステムと生の中間で、自分の葛藤が何を表しているのかが全くわからずに立ちつくしたままです。しかし、その位置から一歩踏み出て、外側から自分の立ち位置を眺めることができたなら、そこからクライアントの愛は無意識に駆り立てられた盲目の状態を脱し、目覚めた愛に、無我夢中に抱いていた忠誠心は自分を生かすための理解した忠誠心へと変容を遂げます。

【12】 システムと生命の関係

質問：今のお話の中で、システムと生命の中間に人がいると言われました。それを聞いて私は、システムと生が対峙し、敵対するものというイメージを持ちました。でも敵対する関係ではないように思えます。

回答：システムと生は敵対関係ではありません。ただお互いの存在を気に留めていないだけです。この地上には十分な数の人間が存在しているので、誰がどちらの側に仕えようと両者とも関心がないということです。

第二次世界大戦後、ドイツの人口は毎年減り続けています。この調子で減少すれば、数百年後、数千年後にはドイツは存在しなくなるでしょう。しかし、このことをドイツ人以外の誰が気にかけるでしょう。中国やインドが心配するでしょうか。

シロクマが絶滅しかかっていると、私たちの誰もが心配します。もしかしたら、五十年後にシロクマは絶滅しているかもしれないと人間は心配します。でも、「生」はそんなことを心配しません。

かつてこの地球には恐竜がいましたが、それらは皆死に絶えました。「生」はそんなことは気にしないのです。「生」は特別な誰かや種族を、特定の生き物を気にかけることはありません。生それ自体はどのような形であっても、生き延び続けることにしか興味がありません。だから、システムと生は戦っているわけではないのです。

「クライアントはシステムと生の中間にいる」という状態が理解しづらいかもしれません。なぜなら、通常クライアントはよりシステムの中にもつれ込んでいる状態でやって来るからです。クライアントは自分がゆっくりと死につつあるとか、何かの犠牲になっていっていることなどを感じています。一方で、彼らの別の部分、生命それ自体が持つ本能的な要求が、生き延びたいと欲し、セラピーにやって来ることを選択しているのです。

【13】　無意識の行動から目覚めた行動へ

質問：クライアントが持っている葛藤は、あるシステムとあるシステムの間の葛藤であって、生とは関係がないような感じがします。

回答：あなたの質問への答えになるかはわかりませんが、それについては、「いいえ、違います」とお答えします。クライアントはシステムと生との間に葛藤を抱えて、そのためにセラピストのところにやって来ます。それは通常、うつであったり、病気であったり、死であったりします。ただその原因に気がついていません。彼らの状態とはこうです。

「心の中に隠されたこちらの世界で自分が何かをするとき、良心に照らし合わせると良い感じがするから何か良いことをしているのだと思える。たとえば苦しむことで、不幸でいることで、病気にかかることで、死のうとすることで、そのような行為を自分の良心に照らし合わせたときに自分のどこか奥深いところで心地よさを感じることができる。家族のために犠牲を払っている限り、自分自身を重要な存在、必要な存在だと感じることができる」。

通常、この構造にクライアントは気がついていません。無意識下で自分には何かを癒すことができると考えています。だからファシリテーターはクライアントに、あなたの犠牲は何も癒していないのだということを見せるのです。ときに彼らは、すでに過去に起きてしまった他者の運命について責任を感じています。そのような無意識の世界から現実の世界に移動して、自分が生まれる前の出来事に責任を持つことはできないとクライアントは見なくてはなりません。

そのために、声に出して言う必要があるのです。

「ここでは私はただの子どもにすぎません」。

「お祖父さん、それはあなたの身にすでに起きたことでした。私はあなたのただの孫にすぎず、起きてしまったことに対して何も変えることができません」。

何かを癒すことができるはずだと思い込んでいる責任感や、魔法の思考の中から、クライアントは自身を引きずりだす必要があります。無意識のうちにやっている、自分が受け取った命という大きな贈り物に対して、両親にお返しをすることで均衡を図ろうとする行為が、実は調和を乱すことでしかないということを知るのです。

また、彼/彼女はやっていることのすべてが、そこに所属したいためにやっているのだと理解しなくてはなりません。無意識下で、グループ、群れ、システムに属することで生き延びることができるものと思っています。けれど、それは原始時代の話です。今日《こんにち》それは違うものになっています。グループ、群れ、システムへの忠誠を表す行為なしでも、今の私たちは生き延びることができるようになっていると理解しなくてはなりません。しかし、いまだに私たちは五万年前のように行動しています。

調和を取るための方法が唯一あるとすれば、

「お父さん、お母さん、私に命をくれてありがとう」と言うことです。

「いただいた命を使って、私は何か良いことをします。次の世代を育むために、あるいは自分の子どもに受け継がせるために、私は自分の命を使います」と。

●考察5　原始時代からの記憶

小さな男の子たちが、何人か連れ立って、一緒にトイレにおしっこをしに行ったとします。そして、その男の子たちはトイレの便器を囲んで並んで立って、おしっこを一斉にします。男の子を持っている母親だったら知っているかもしれません。大人の男たちも同じことをやったりします。小さな女の子たちが同じことをやっているとは聞いたことがありません。まして大人の女同士でそんなことをやるなどとはまったく聞いたことがありません。女性にどうしてそれを理解することができるのでしょうか。どうして小さな男の子たちや、男たちはそんなことをやるのでしょうか。なぜ、彼らは便器を的《まと》にしてにそんなふうにおしっこをするのでしょう。意味がありません。女たちはそんなことをくだらないと言います。でも男の子たちはやります。笑っている人はやったことがある人たちです。どういう意味があるのでしょう。

遥か大昔にさかのぼって考えてみると理解できるでしょう。そのように動物たちはおしっこをしてマーキングをしてきました。動物の、たとえば犬は居場所を知らせるためや、縄張りを明確にするための印づけをします。その行動は小さな男の子たちのDNAにも刷り込まれているため、未だにそれをやり続けているのです。誰もその後をついていって、匂いをかごうとする人がいないにもかかわらず、もう意味が無いのにもかかわらず、それをやり続けます。二十一世紀の今日もなお続けられています。なぜそれをやるのか、私たちはもうすっかり忘れているのにです。しかし、その遥か彼方、昔を思い浮かべてみるとわかるのです。

だから今ここで起きていることも、その当時に遡って考えると理解できることです。もう今日において意味をなさないにもかかわらず、それは私たちの中に刷り込まれ、私たちの身体の中に組み込まれています。

寒くなると鳥肌が立ちます。それはどういう意味なのでしょう。原初、私たちには産毛がもっと生えていて、寒いと身体がそれに反応して産毛は立ち上がっていたのです。産毛が空気を含んでより暖かく感じられました。今日の女性のほとんどは、鳥肌が立ったとしてもその皮膚の表面にはもう産毛も羽毛もありません。そういうふうに鳥肌が立つことにあまり意味がないのにもかかわらず、未だにそれは機能し続けています。

同じことがここでも起きているのです。家族や職場での人間関係の中で、群れに所属していると感じる必要から無意識に何かを背負い、行動に駆り立てられます。

【14】ファシリテーターとして注意すべきこと

質問：ファシリテーターはコンステレーションを終わらせるタイミングをどう見つけるのですか。

回答：良い質問です。考えたことがありませんでした。二〇〇三年頃のヘリンガーは作業を始めさえしませんでした。終わるのに良いタイミングとは、何を意味するでしょう。

クライアントが所属するシステムと、生命に対して、その人がどこに位置しているのかを一度でも見せることが出来れば、ある意味それだけで十分とも言えます。そこで終わらせてもいいのです。

クライアントは往々にして、ファシリテーターが問題を解決してくれると期待しますが、そのこと自体が問題です。だから、クライアントが自分の責任において、自分の人生に対して自分が何をやっているかを見せることができたなら、その時点で終わらせてもいいとも言えます。かつてのヘリンガーであれば「あなたのもつれをここで見せました。それで十分です」と言ったことでしょう。

クライアントを問題の渦中から連れ出して、外側から客観的に自分の姿を見るようにさせたなら、クライアントは自分で対処するだろうとファシリテーターが思ったとします。その場合、おそらくファシリテーターは彼をそこから連れ出すことができるふりをします。

診断をした段階で、最終到達地点に行き着くことが確定しているなら、是非ともそうしたいところですが、多くのクライアントはがっかりしてしまうことでしょう。なぜならクライアントが期待しているのは目に見える解決だからです。

解決というのはいつもどこか人工的ですが、そういうものを多くのクライアントは望んでいます。ファシリテーターは、どこで折り合いをつけるかについて独自のやり方を見つけなくてはいけないのです。

「コンステレーションはエネルギーの最も高い時点で終わらせなければならない」とヘリンガーはよく言っ

ていました。でもコンステレーションで、一番高いところにエネルギーが届いているのかどうかはどうやったらわかるのでしょう。あと一分続けたら、もしかしたらエネルギーはそれよりももっと高いところにたどり着くかもしれません。

クライアントがワークショップに来るとき、その人が抱えている問題は人生を左右する苦しみに満ちています。そのことを理解した上で、コンステレーションが進行する現場のエネルギーが変化していく過程をよく見てみると、最初ファシリテーターの目には、その問題というものがヒマラヤほどのとてつもなく高い山のように見え、それを乗り越えなくてはいけないかのような感覚に陥ります。クライアントの期待に応えるためには、それを登り切らなくてはいけないと思います。ときに、コンステレーションをファシリテートし終えた後で振り返ってみると、「こんなに容易に進んでしまって良かったのかな。意外とあっけなかったのだけど」とばかりに進行し、まるで波に乗って運ばれでもしたかように感じられることがあります。これはファシリテーターの側の観点です。しかし、終わった後でクライアントの方では「なんだか大したことなかった」というふうに感じてしまうようであれば、それはファシリテーターが作業に時間をかけ過ぎたり、あれこれやり過ぎたりしていたということです。

本当にクライアントのためを思うなら、ファシリテーターの側は何もかも背負いこんでやり遂げなくてはいけないと思うのをやめ、仕事は控えめにやった方が良いということです。クライアントが自身の力で掘り下げるための余地を残すのです。

ファシリテーターとクライアントが、それぞれ違うイメージをコンステレーションの結果に対して抱いているときには、解決までたどり着かない段階で終える場合があります。しかし、コンステレーションの一つ一つが異なります。ときには、ファシリテーターが何かを足したいと感じることがあります。もう少しやった方がいいかとか、もう少し控えめに早く終えようとか、さじ加減を決めるのはファシリテーターが現場のエネルギーから必要性をどの程度感じとるかによります。

質問への答えとしては、そこに決まりごとはないと言えます。しかし、終えるのがあまり早過ぎても問題です。また、遅すぎてもいけません。ファシリテーターは場のエネルギーを感じ取ります。経験を積むことで、よりぴったりのタイミングで終えるようになっていきます。

先ほどの質問は、「泳いでいるとき、どの瞬間に息をするのが正しいでしょうか」と聞かれたようなものです。ファシリテーターはそれを直感と身体感覚の一致から発見するのです。

【15】　癒しの言葉

質問：コンステレーションの場で、代理人やクライアント本人に言わせる言葉が幾つか出てきました。基本的な言葉、言い回しというのはあるのでしょうか。

回答：ヘリンガーはこれを「癒しの言葉（ヒーリング・センテンス）」または、「解決の言葉」というふうに呼んでいます。これらの言葉は必要な場面で調和を得るためのものです。

たとえば、ここにある母親がいて、その子どもがいます。母親は死に引っ張られており、その子は母親のために自分を犠牲にしようとしているとします。その場合の解決の言葉というのは、こういうものです。

「お母さん、私はあなたからすべてを受け取りました。

私はあなたにまたそれをお返ししたいと思っていました。

でも今わかります。

そんなことをしても、お母さんを助けることにならないことが。

また、その思いが、今は私にとって重荷になっていることが。

なぜなら、私は自分の妻（夫）を失いかけているからです。

そして今、私の子どもが私のために自分を犠牲にしようとしています。

それは私があなたにそうしようとしているからです。

お母さん、私があなたへの愛を違った形で見せたとしても、どうか私を温かく見守ってください」。


「今、私は見ます。私にはお母さんの運命を変えることができないことを。

そして、あなたから受け取ったものを決してあなたに返すことはできないと。

けれど、私はそれを私の子どもたちに与えます。

あなたへの愛と敬意を、そのようにして表します。

私の心の中にはあなたの居場所があります。

お母さん、ここで私はただの子どもです。

あなたが大きく、私は小さい。

あなたが与え、私は受け取ります。

あなたが親で、私はあなたの子どもに過ぎません」。

これらの言葉は、調和をとり、目覚めさせ、すでに起きた出来事への尊重を引き起こすことを目的にしています。

「これまでずっと、私は自分の人生を犠牲にすることで、あなたへの愛を表そうとしてきました。でも今は、あなたから受け取った命を生きることであなたへの愛を表します。

今、あなたの居場所を私の心の中に作ります。あなたが大きく、私は小さい」。

このように言うことで、親を助けようとする生意気だった子どもは、その立ち位置を子どもとしての謙虚な場所に移します。

子どもが親の苦しみを肩代わりしようとすることは、幼い子どもの純粋な愛情による健気な決意ではありますが、それは同時に親には問題を解決することができないけれど、自分ならば解決することができるというエゴを生み出しもします。

母が自殺をしたいと願っていることがわかるから、母の代わりに私が自殺をしようとする。それは子どもである私が、自分を母親より大きな存在に仕立てあげてしまうということです。

そこには、母には自分自身を助ける力はないけれど、私には母を助ける力があるという信念があります。それを言葉にするとこうなります。

「お母さん、あなたのために私がやります」。

その意味は、「私は自分をあなたよりも大きくします」ということです。

なぜなら、私が与える側になるからです。

だからファシリテーターは、「私があなたのためにやります」という言葉をこう変えます。

「あなたが与えてくれたすべてを私は受け取ります。そして、それを子どもたちに受け継がせていきます。ここでは私はただの小さな子どもです。ありがとう、お母さん」。

ここで調和が生まれます。物事を正しい順位に戻していくためにこれらの言葉があります。

「あなたが大きく、私は小さい」。

「あなたが与え、私は受け取る」。

「あなたが親で、私は子どもに過ぎません」。

「お母さん、お願いです。私が生き続けたとしても、どうぞ温かく見守ってください」。

このように言うことで、その場所に立つその人はただの小さな子どもとなります。

自分を犠牲にしなくても、家族の一員であり続けることができるとクライアントは知る必要があるのです。

そのために、次のような言葉を言うように求められます。

「今、自分を殺そうとするのをやめます。死のうとするのをやめ、生きようと決めた私を、お母さん、どうか温かく見守ってください。私が自分の伴侶を失ったとしても、お母さんが夫を取り戻すことがない事実を今私は見ます」。

これらの言葉を言うことによって、自分を犠牲にすることなしに、繋がりを保つことができます。もしもその場にいるファシリテーターが、過去に他で使われた言葉をオウムのように繰り返すだけなら、その言葉には力がありません。それらの言葉の主旨を理解した上で、その瞬間のクライアントが必要とするものにぴったりの言葉に作り直し、言葉に命を与えなくてはいけないのです。

【16】コンステレーションから何が読み取れるのか―序列、順位と与え受け取る関係―

質問：ベルリンのクライアントのケースで、または他でムーブメント・オブ・ザ・ソウルを体験した人の例や、「姉と妹」のコンステレーションで、この立ち位置は妹のいる場所ではなかったとか、娘の位置ではなくて配偶者の位置だ、という部分がありました。正しい位置についての説明をお願いします。

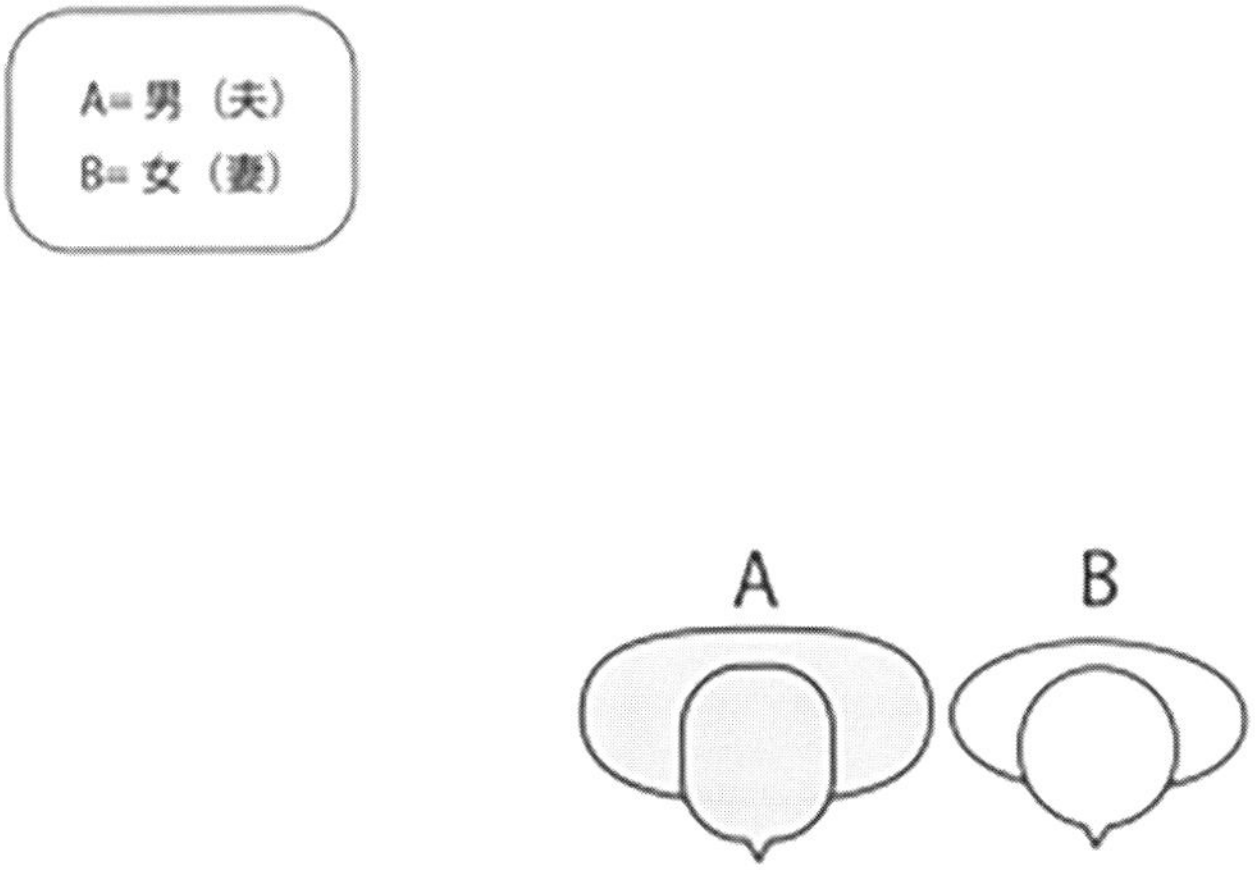

図1

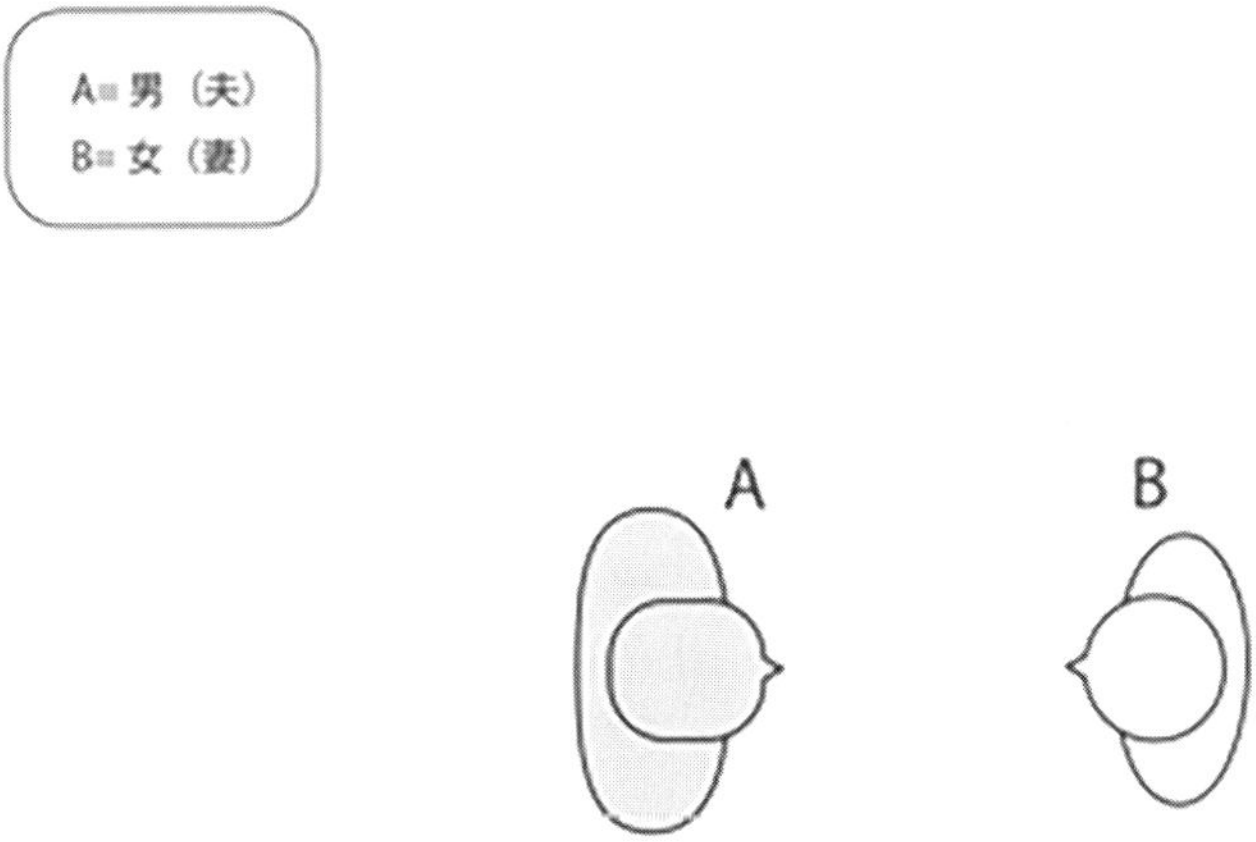

図2

回答：通常、夫婦の場合、男性が女性の右腕側、女性が男性の左腕側（**図1**）に立ちます。ある文化圏の家族を配置すると男女が逆の位置で立つこともあります。ヘリンガーは当初、まず男性が右に立たなくてはいけない、という言い方をしていました。しかし、恋人同士が出会ったばかりの時期のコンステレーションでは、代理人同士が向かい合って立つのはよくあることです。（図2）それは、お互いをよく見たいという思いと、自分の目に映る世界の中心を相手が占めている、ということを意味しています。関係が安定するようになってしばらく経つと、二人はお互いをよく見ていたいだけではなくなります。

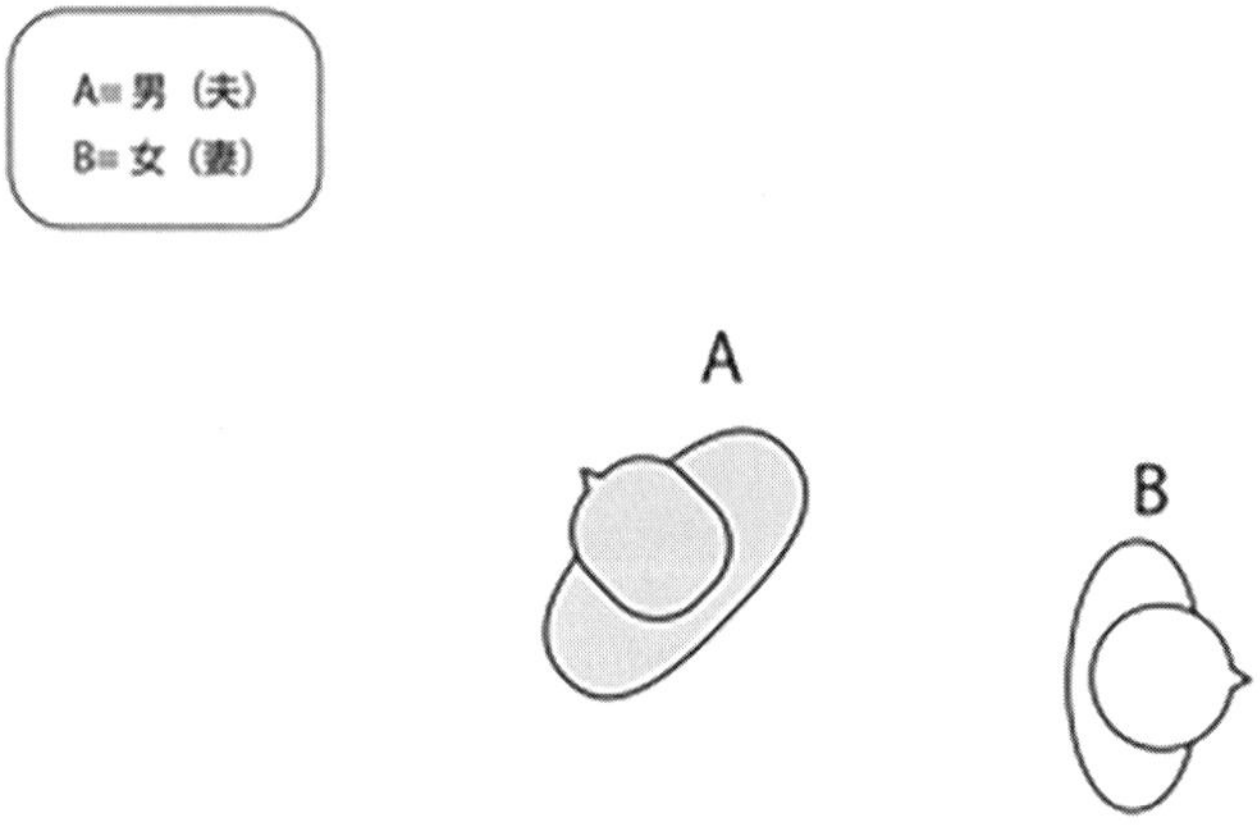

図3

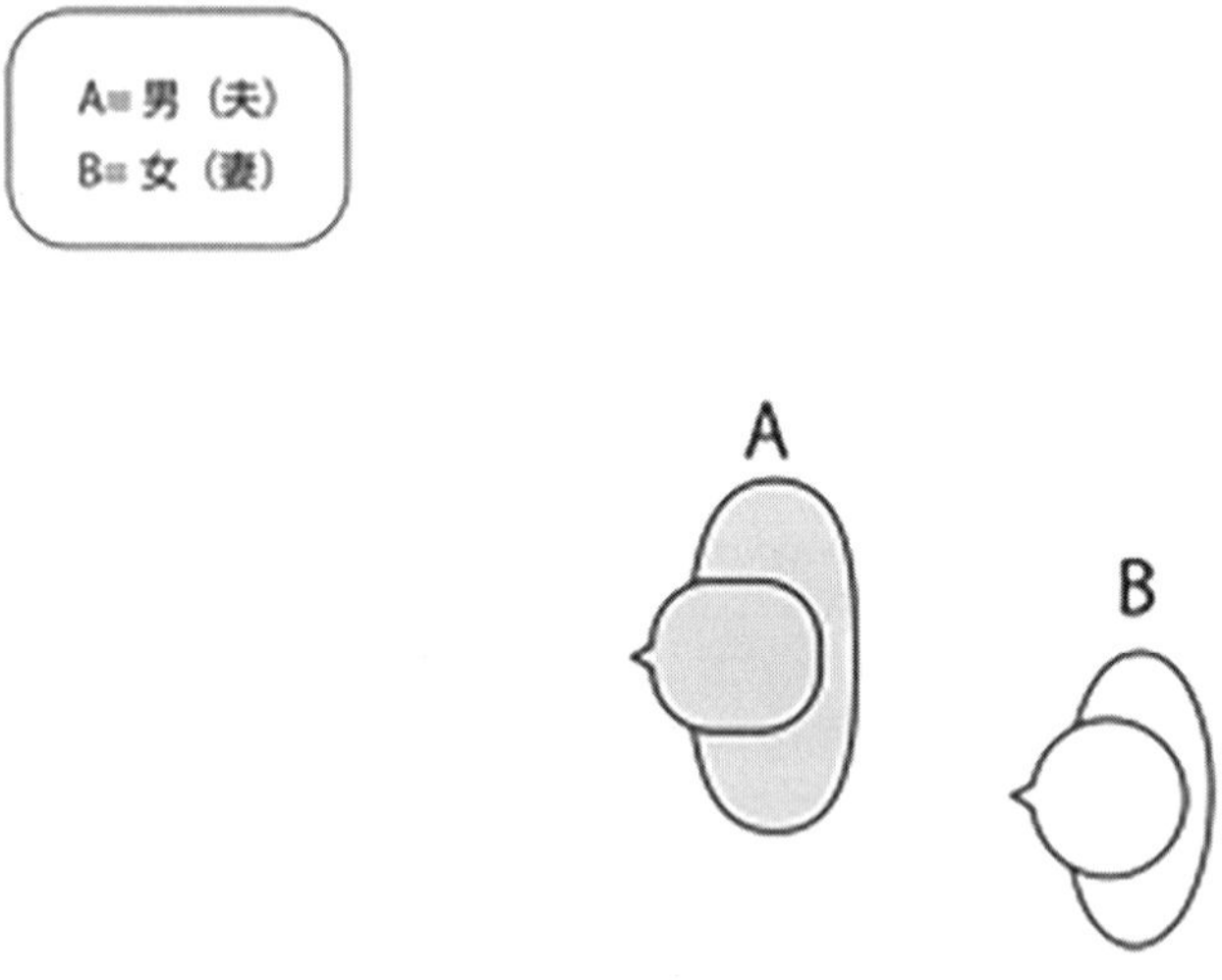

図4

もし配置されたカップルが離れて立っており、違う方向を見ているなら、二人の間には

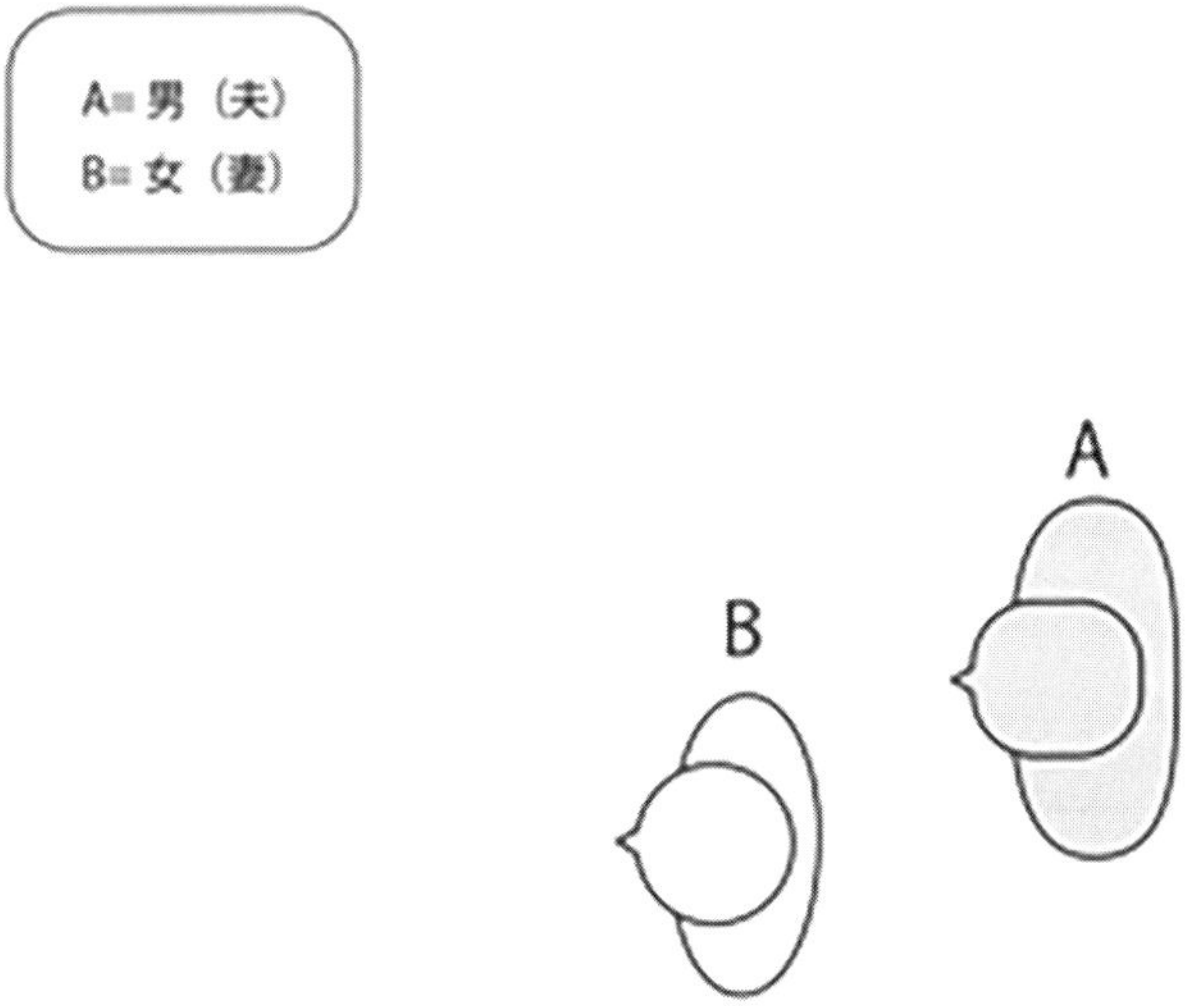

図５

何かの課題があり、うまくいっていないことを表しています。**（図３）**何かの問題があって、正しい立ち位置にはなっていません。この状態を目にしたファシリテーターは、クライアントに対して、何かがあって彼らは別れたのか、それとも離婚したのかを尋ねるでしょう。

　クライアントが妻との問題を扱うためにワークショップに来たとします。コンステレーションの現場で、このような立ち位置**（同じ方向を向いて夫役を前に、妻役を後ろに立たせる）（図４）**をとったなら、何かが正しい位置に収まっていないことを告げています。この状態を見るとどんなイメージが湧くでしょうか。

　このように夫婦の関係を表したとしたら、妻が隠れているか、もしくは、夫が何か妨害しようとしているかが想像できますよね。でも、ここで思い出していただきたいのは、私たちは、コンステレーションをやっているということです。今見ているのは家族システムにかかわっていることです。この状態を家族として考えてみたときに、家族システムとして解釈してみるとどうなるでしょう。想像してください。これがあなたで、あなたは自分の妻をここの位置に配置したと想像してください。夫が妻を守っているように見えるでしょうか。私がもし学校の先生だったら、それは間違いだと言うでしょう。奥さんは亡くなっている、というのも何か変ですね。（夫

が妻に近づく） 彼の方が正しい方向に向かっているようです。たとえば妻以外の誰かを探しているとするには、それを裏付けするものが見当たりません。そうだとしたら妻に関しては何も伝えていません。わかった人には賞金として百円あげます。

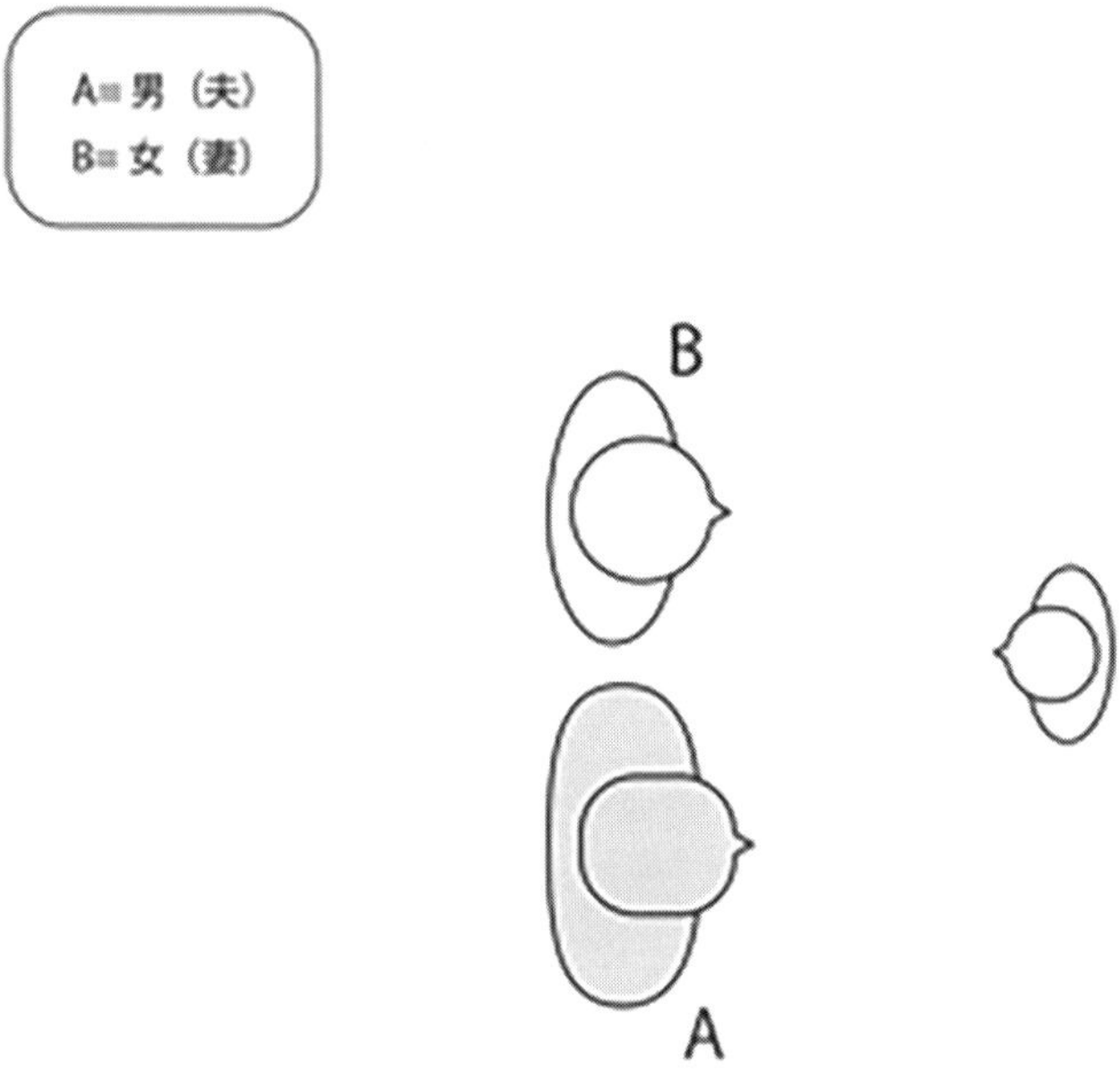

図６

答えは夫の母親の位置です。夫婦やカップルの男と女はこのように横に並ぶと教えました。妻の立っている場所は彼の母親を表す位置です。もしかしたら祖母という可能性もあります。いずれにせよ、誰か彼の過去に属する人です。

ある夫婦がワークショップに来て、夫がこの位置**（女性の右斜め後ろ、同じ方向を向いて）（図５）**に立っているとしたら、彼は誰の代理をしているのでしょう。父親ですね。でも、父親に限らなくてもいいのです。この男性よりも先に家族システムに来た誰かです。なぜなら、こちらからはもっと未来を見ています。いつも必ずしもそうとは限らないけれども、まずここを導入部にしてコンステレーションに入っていくわけです。

では、質問です。**（もう一人女性を立たせて）**彼女は彼らの子どもです。通常、子どもというの

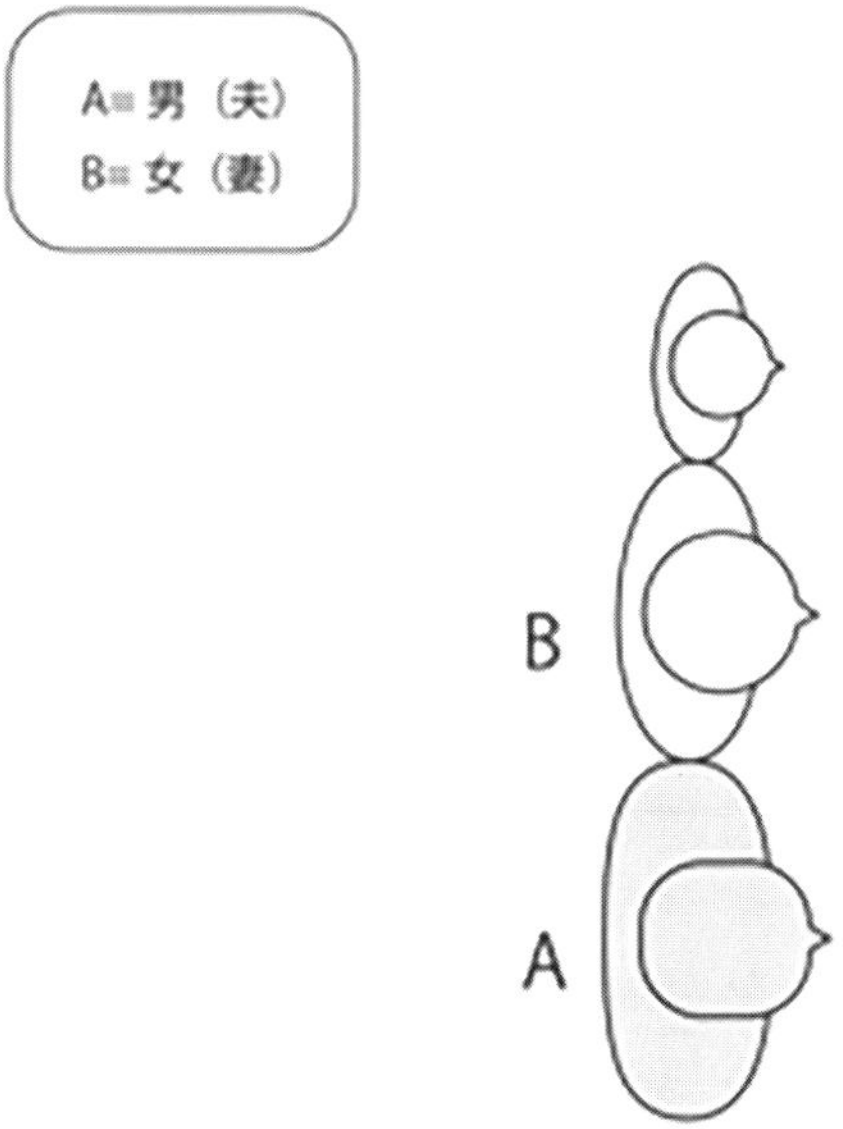

図7

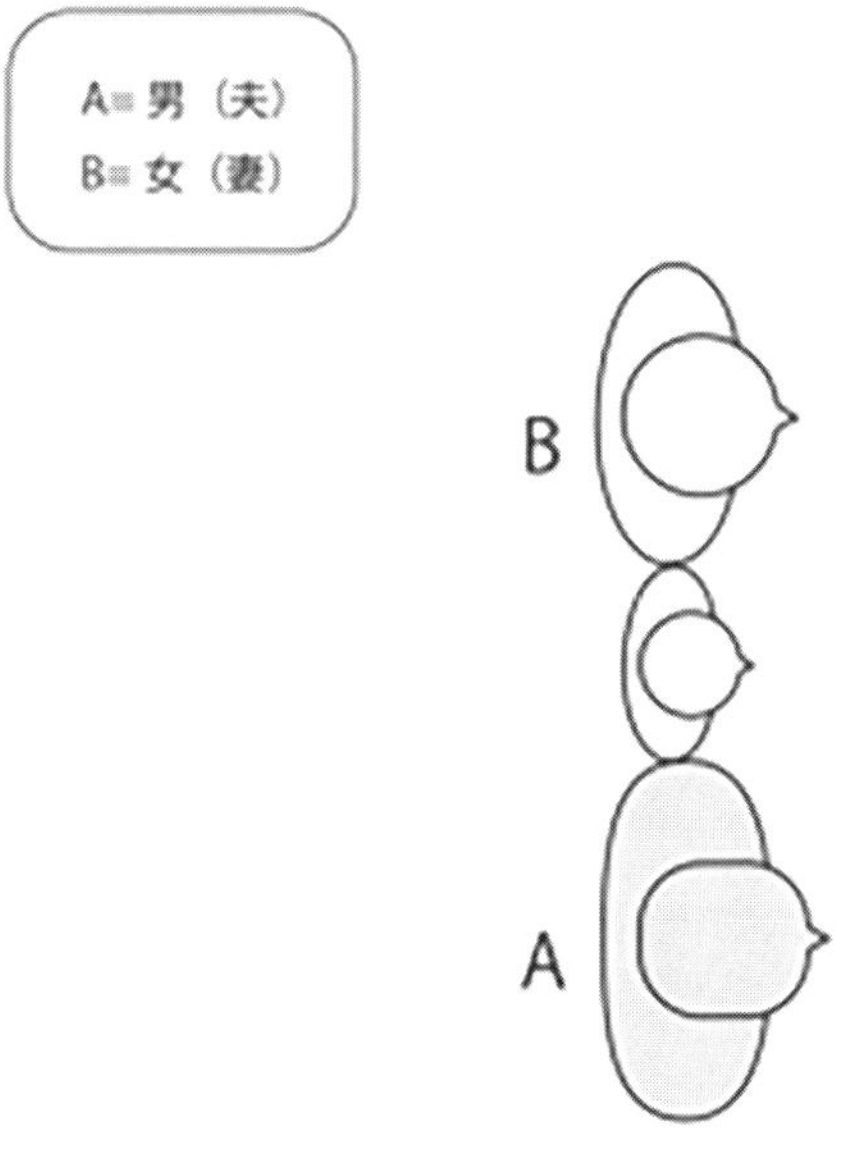

図8

は、幼いうちは親に対してこのように（向い合って）（図6）立ちます。そうすると親は二人とも子どもを見ることができるし、子どもも親を見ることができます。あるいは、このように（母の左横）（図7）立ちます。

実際のコンステレーションの場で、もし子どもが自分の位置をここ（父と母の中間）（図8）に持ってきたとしたらどうなるでしょう。その子どもが代理しているのは誰を表しているのでしょう。父の恋人だと思いますか？しかし、あなたの父親に「恋人はいましたか」と聞くのはいつもとても難しいことです。彼女が代理しているのは、子どもというよりも、彼女が生まれる前にいた誰かです。親の位置に対して、こちら側（右横）（図9）、もしくは、後ろ側に立つのは、それは過去からのものです。もしかしたら、彼女は父親の最初のガールフレンドを表しているのかもしれませんし、もしかしたら、彼の亡くなってしまった姉妹の一人を表している

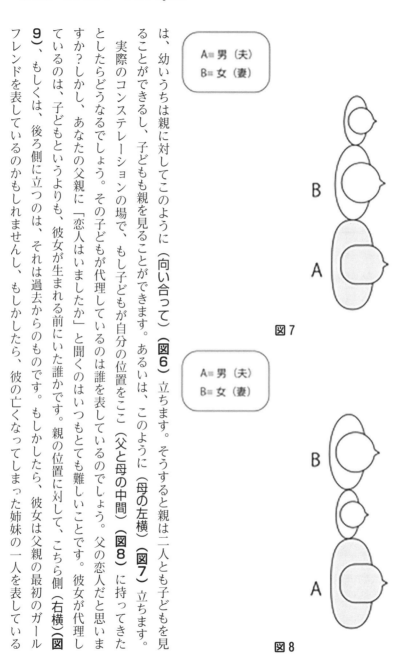

かもしれません。あるいは、彼女は彼の母親を表しているかもしれません。とにかく誰か父親の過去にいた人です。もし父の母親だったら、もっと左後ろ側に立つでしょう。兄や姉、もしかしたらかつての恋人かもしれません。過去に存在した父親と関わる誰かであれば、父の立ち位置の右横になるでしょう。

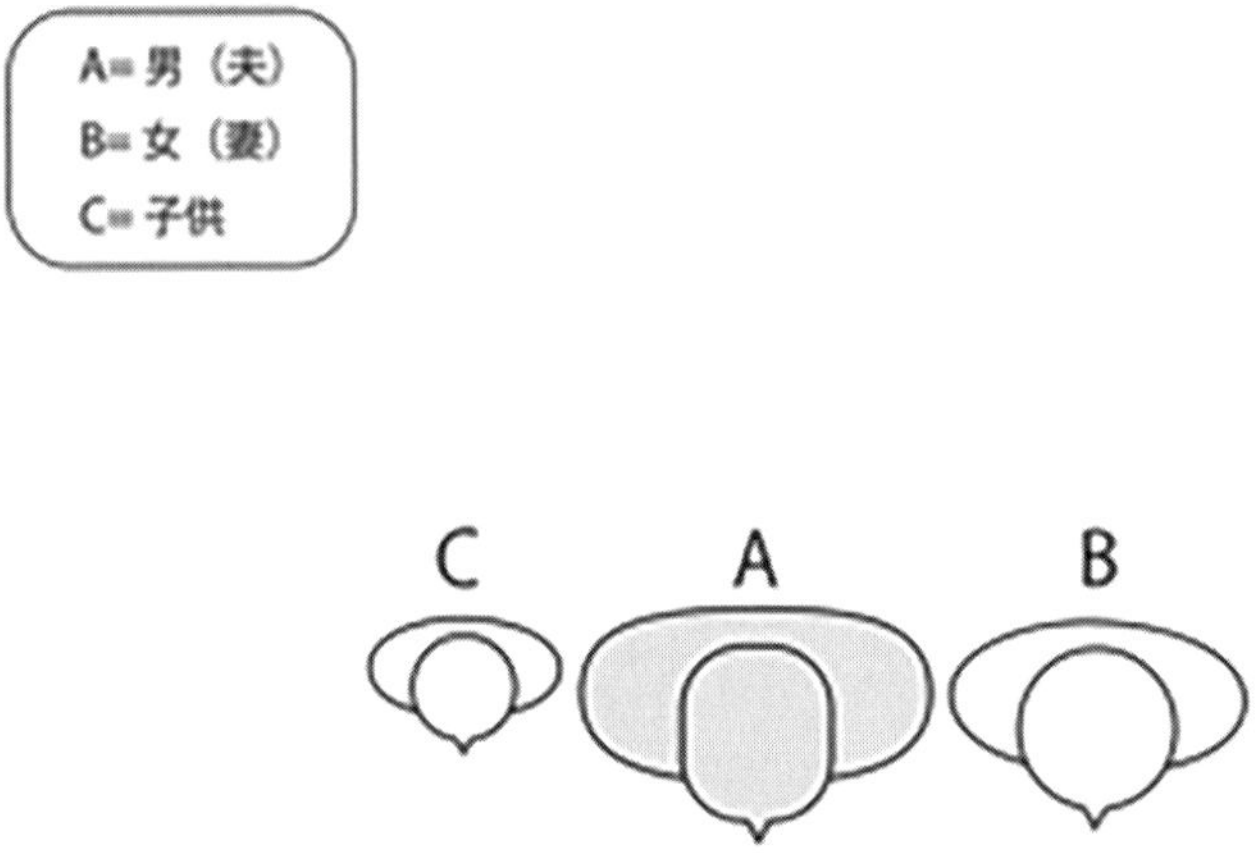

図 9

これは、本来の子どもの位置にいないことを表しています。**（図8）**子どもにとっての正しい位置というのは父親と母親の間ではありません。この配置だと子どもは両親の間にいることになってしまいます。そのような立ち位置を子どもが得るのは、本当に短い期間に限られます。ある意味で、彼女はこの位置に留まっていられるように見えますが、そうすると、親である二人は別れてしまいます。

この立ち位置では、子どもが母親の代わりをしていることがわかります。彼女が自分をその場所に置いたとしたら、父親にとっての妻、すなわち自分の母親の代わりをすることになります**（図8）**。

もし、その子どもが男の子だったとしたら、そして真ん中にいたとしたら、その子は自分の母親にとってのパートナーの場所**（図8）**、自分の父親の位置に自分を置いていることになります。彼が父の右側に立つとしたら**（図9）**、彼が表しているのは、誰か過去の人です。もしかしたら、父親の兄の一人かもしれないし、父親

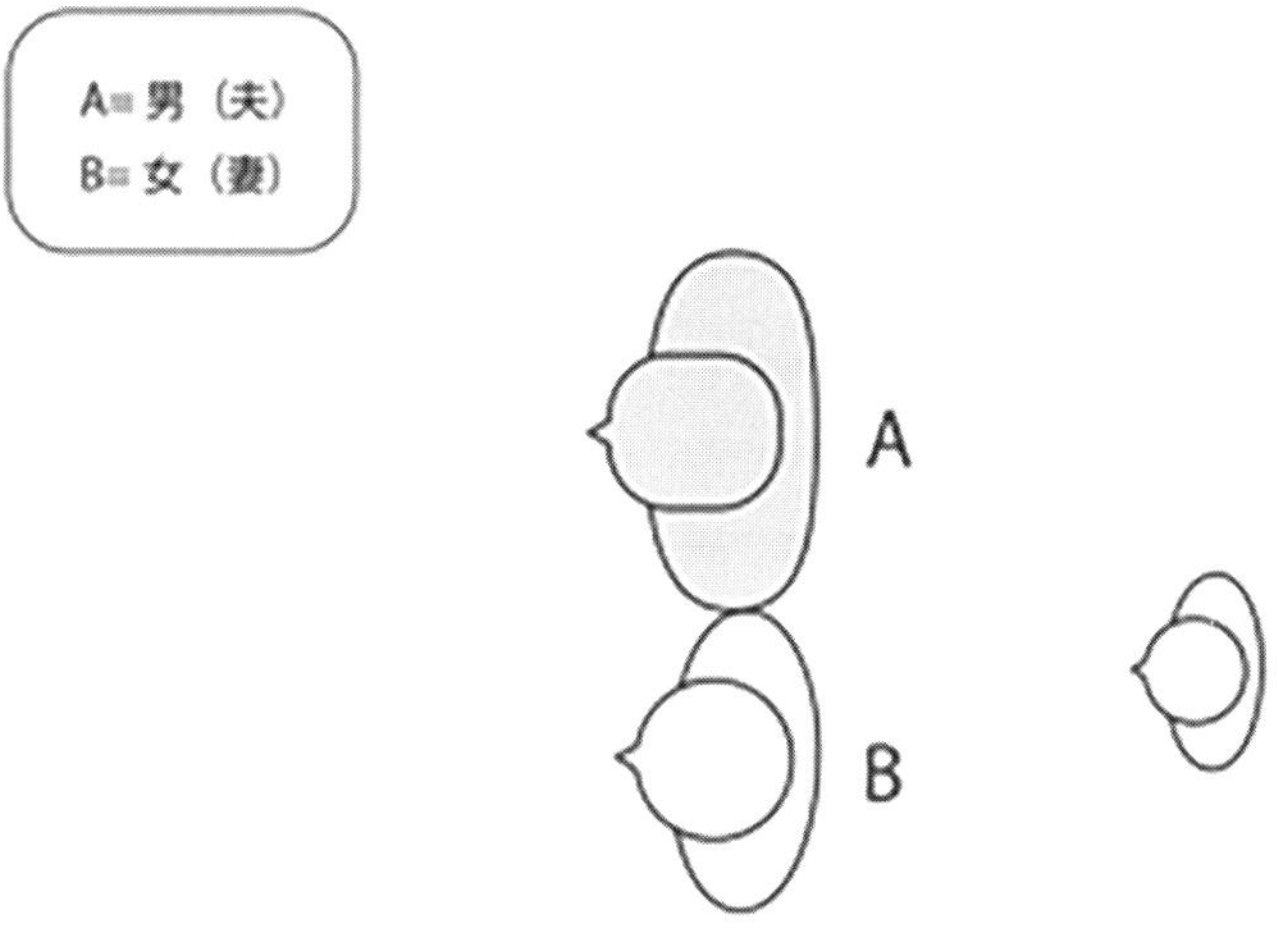

図10

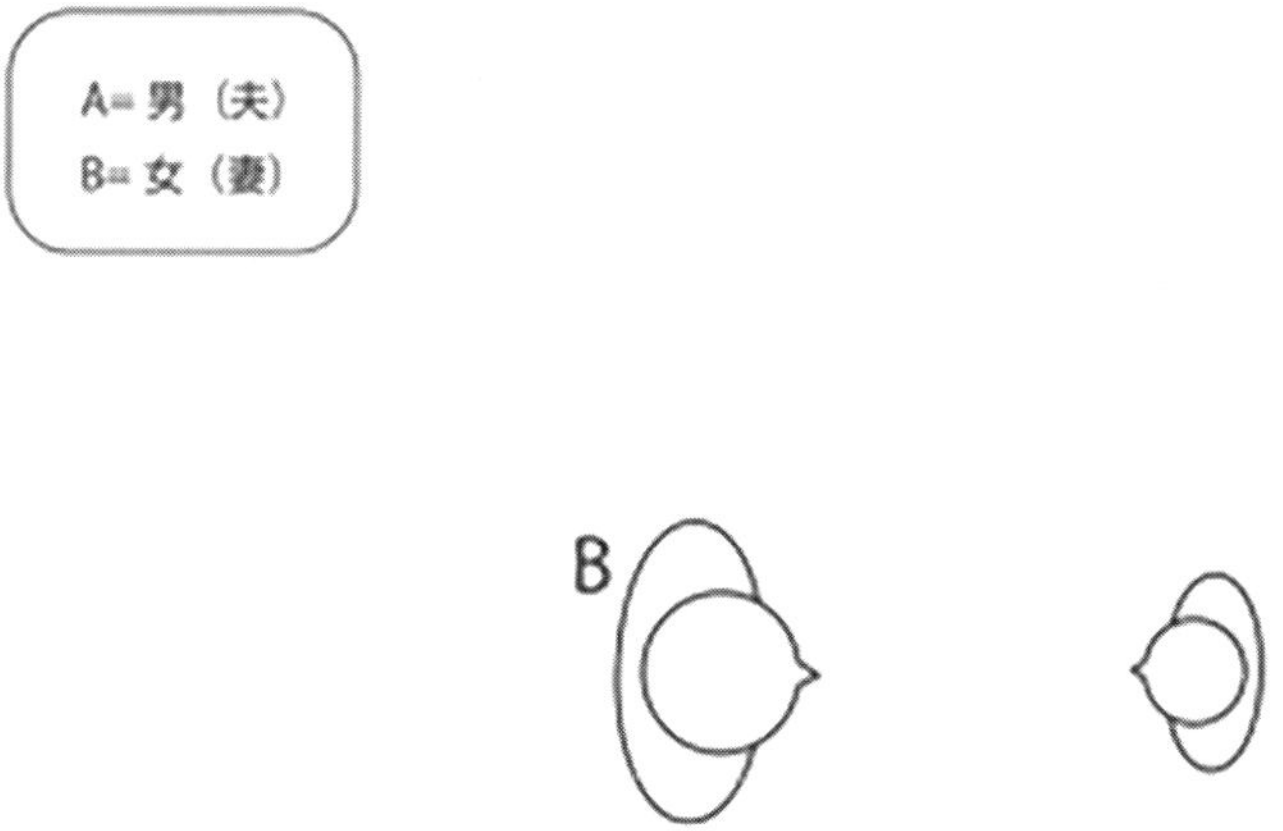

図11

の父である祖父、あるいは祖母かもしれません。原則として、その順位や序列は、時計回りだというふうにとらえてください。

その次にこのようにも見てみることです。だいたい九割程のケースで子どもは親の後ろに立とうとします。（図10）それは、家族の中にかつて存在した、親よりも大きい誰かと自分を同一化している状態です。子どもは自分の人生や未来の方向ではなく、親の方に向かっていって、良心に照らしたときに心地よさを感じるための行動を取ろうとします。父親や母親に対し、「私が代わりにやります」と示すことで、家族というグループに調和をもたらそうとするのです。子どもがこの位置（**親の右側**）（**図9**）に立つということは、彼は過去に存在した誰かと自分をもつれさせているということです。しかし、こちら側（**親の左側**）（**図7**）に立つと、その子はもつれに巻き込まれていないということになります。これが初期に行う診断です。

ここに立っている人たちのエネルギーを感じてみてください。（**参加者全員に代理人に近づくように促す**）子どもがこの位置（**母親の正面で子どもが向き合う**）（**図11**）に立つのはどういう意味だと思いますか。あなたが抱いたイメージはどのようなものでしょうか。考えないで、ただ感じてみることです。

どうでしょう。「ここに留《とど》めておきたい」という感覚を持った人がいたようですが、通常クライアントは、母親を留めておきたいという思いで、セラピーを受けには来ません。近寄って、このエネルギーを感じてみてください。ここにあるエネルギーは一体何なのでしょう。この場を、問題を観察しているつもりで眺めてみるのです。ここでできる診断とは一体何なのでしょうか。「恋人のようにも見える」とさっきと違う感覚を持った人がいましたが、日本の恋人とはこのような感じなのでしょうか。この位置関係にはもっと注意を引く何かがあります。

ここで母親はどのように感じているのか確認してみることにします。彼女は恋人を見ている気がしているのか。違います。子どもが母親をこの場所に留めようとしていると感じているのか。いいえ。この位置からは苦痛を感じます。そばに寄ると母親から緊張感が伝わります。

子どもの位置からはどうかというと、そこにも何か圧迫感があります。愛しあう恋人同士というよりも、もっと強い緊張感や、圧迫感を感じます。どちらかと言うと、彼が責めているか、何か強力な諍《いさか》いがあるような感じです。

コンステレーションの場で、子どもがこのような位置にいる場合は、子どもが母親を守っている状態です。

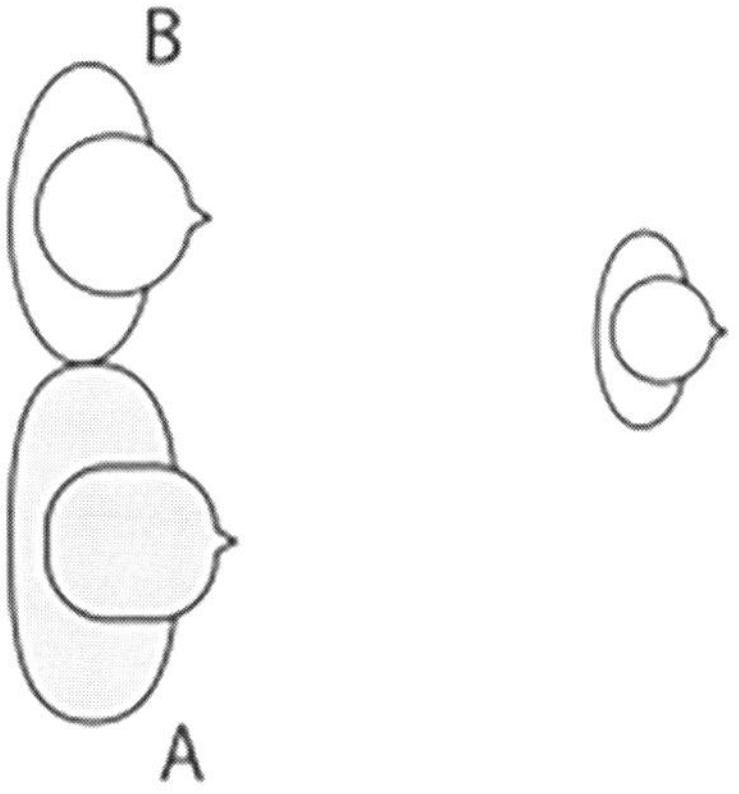

図12

子どもが脇にのいてしまうと、母親はどこかへ行ってしまうことを表しています。子どもが母親の眼の前に立ちはだかることで、母親は去ることが出来ません。だからここには大きな緊張感が立ち込めており、この立ち位置は子どもの「お母さん、あなたが行ってしまう代わりに私がやります」という行動を表しているのです。

　この段階では、彼らが何にもつれて同一化しているのかを判断することが出来ません。でも、この子どもにはここで何かやらなくてはならない仕事があるかのようです。もしかしたら、母親は自分の母親のところに向かおうとしているのかもしれません。その対象が誰であろうと、ここに立つ子どもは母親がいなくなってしまうことを恐れているのです。これでは子どもにとって、正しい位置にいるということにはなりません。あるいは、子どもが離れて外を見ている位置にいるとします。**（図12）**親は二人ともこの位置にいます。この子どもはどこを、誰のために見ているのでしょう。この位置も子どもの正しい位置ではありません。子どもにとっての正しい位置は、ここか**（図6）**、先ほどの場所です。**（図7）**彼は親のために何かをしています。この立ち位置**（図12）**、体が向いている方向が示しているのは、「お母さん、あなたが行くより私が行く方がいい」、「お父さん、あなたが死ぬよりも私が死ぬ方がいいです」という、子どもの内側にある思いです。

　コンステレーションの場で、クライアント（コンステレーションの場の中の子ども）が問題となっていたもつれの全貌を見て、初めて何が起きていたのかを認識できたとします。すべての過程をくぐり抜け、やり終えた最後に、彼／彼女は開かれた外に向かって未来を見る体勢をとることができます。しかし、コンステレーションの最初の段階で、外に向いた状態で立つのであれば、それは子どもが親のために何かをしているということを表し、問題を見せているということです。最初の立ち位置で、ファシリテーターは何が秩序に則っていないのかを読み取り、その読み取った情報を元に次の質問を尋ねることになります。

「父親の家系に過去に何があったのですか」。

「誰の方を彼が向いているのか、その心当たりはあるか」。

「母親の家系には何があったのか」。

これらは、母親が行ってしまうのを阻止しようとしている子どもの様子を見て、湧き上がる質問です。このようにして、コンステレーションの過程に入っていくための導入部ができます。ファシリテーターは代理人の立ち位置からそのシステムに何が起きているかを読み、そこから最初に尋ねるべき問いをつかみ取るのです。

●考察6　組織の中での立ち位置

コンステレーションにおける法則や順位に関して、特に兄弟・姉妹との順位、序列は、大変重要なものです。ビジネスなどの組織に関するコンステレーションでも、主として順位、序列を基本に働きかけていくことになります。しかし、ビジネスにおける順位、序列は常にその環境によって異なります。組織運営、企業経営におけるシステムは、家族のシステムとは大きく違うので、同じように対処することはできません。

たとえば、医療の組織のケースです。ある医療機関で三十五年働いている秘書がいるとします。

二十五歳の若い医者が後から入ってきて、そのクリニックを買い取ったとします。その順位という観点からいくと、誰が第一の位置に立つべきでしょうか。二十五歳で二ヶ月前に入ってきたその医者でしょうか。三十五年間働き続けている五十七歳の秘書でしょうか。誰が最初に配置される人間でしょう。

多くの人が、家族システムの序列や順位を想像し、秘書だと答えてしまいがちです。これが家族であれば、それは正しいのです。しかし、ビジネスになると話は違います。秘書はただの従業員です。二十五歳の医者が経営者で、最も重い責任を担います。こういうことから、ビジネスの場合の順位は別の観点を学ばなくてはならないのです。家族の場合は、家族内に誕生した順番で序列はいつでも明確です。祖父母がきて、父親と母親がきて、自分です。しかし、組織運営、企業経営となるとそれとは完全に逆の場合がありえるのです。

家族経営のビジネスの場合、最も興味深いケースになります。家族経営のビジネスでは、家族システムとビジネス組織の両方が混ざり合わさっており、そこに混乱が生じがちです。家族とビジネス組織の混乱を解くためには、コンステレーションはとても有効です。

創業一族と事業の相続

ある男性がビジネスの創業者です。とてもうまくやっているビジネスマンです。彼には三人の子どもがいます。第一子の長女、第二子の次女、三番目の息子です。創業者が亡くなったときに、二つの可能性があるとします。一つは、亡くなったときに遺言を残さなかった場合です。その場合、この三人のうちの誰がビジネスを受け継ぐのでしょう。家族システムの序列を優先するなら第一子となるでしょう。第一子は長女です。

第二の可能性として、父親が遺言書を残したとします。息子が後を継ぐべきだと父親は考えたのです。ここで問題が生まれます。息子は家族の中では末っ子にしか過ぎません。息子は組織という観点からいくと、力のある社長の位置にいます。でも、その社長が家に帰る度に、「ここではただの末っ子に過ぎない」という立場に戻ります。そして、一番上の姉は彼に対して腹を立てるでしょう。彼がこんな小さかった頃に、姉は遊んであげていたのです。弟の鼻を拭いてあげたり、おしりを拭いてあげたりしていたのです。それが今、小さかった弟が姉に向かって、どうすべきかを指図します。ここで、新しい社長は問題を抱えます。そこに混乱が生まれます。

末っ子が、姉たちに向かって、「お父さんは僕に仕事を譲ってくれたのだ。あなた方はどうでもいい存在だ」と言ったとしたら、何が起きるでしょう。二人の姉を無視しながらも、末っ子の弟は非常に幸運で、仕事は順調に運び、より発展したとします。そして、彼は結婚して子どもが生まれます。その子が、いつも自分の父親の二人の姉たちに視線を向けることになります。このビジネスにおいて、二人の姉が除外された存在になっているからです。

子どもはいつも、その除外された存在をシステムの中にもう一度運び入れようと努力します。彼が長年の社長業から引退をするときに、自分の子どもにビジネスを譲り渡したとします。その子が跡を継いでしばらくしたら経営に失敗をすることが考えられます。この除外された二人のために調和を取ろうとして、内なる忠誠心が発動するのです。

息子の内なる子どもは無意識のうちに、このような思いに駆られていることでしょう。

「もし伯母さんたちが家業を受け継ぐことができないなら、ここに参加することができないなら、伯母さんたちがここで居場所を失ってしまったなら、私もそれを失うことにしましょう。私もそこに参加しないことにします。私もそれを持たないことにします」。

これは無意識下で行われることで、家族システムにおける伯母たちに対する愛情と忠誠心であり、父親の隠れた罪悪感を償おうとする父親への愛情なのです。

この場合のコンステレーションで、よい解決方法は彼が父親に向かってこう言うことです。

「お父さん、私は受け取ります。私に託してくれて感謝します。でも私は二人の姉のことも心に留め、姉たちの子どものことも心に留めておきます。なぜなら、私たちは家族だからです。それは私たち全員に属するものです。私たち全員がお父さんの託してくれたもののお陰で生きていくことにします。ただ私には、お父さんがくれたものに対して特別の責任があります」。

これが、その家族と経営の両方が混在した場合の一つの形態です。

別の可能性としては、創業者の末っ子は会社を経営しています。そこが彼の職場です。姉が会社の中に入ってきて、自分の判断で取締役としてここを切り盛りすることは出来ません。そうなると、そのビジネスに関しての規律に逆らうことになってしまいます。けれど、ビジネスの外側では、彼は「あなたは僕のお姉さんです」と言うことができます。「私はあなたのことも、あなたの子どもたちのことも大切に思います。父からの恩恵を適切に分かち合います」。こう言うことで、姉二人と、その子どもたちは、家族システムと会社のシステムの両方に含まれることになります。でも、姉たちの夫に関しては構わなくていいのです。彼らはこの観点ではそんなに深く関与していません。

この例では、三番目の末っ子が男性で、第一子と第二子が女性のケースを話しましたが、それが通常、葛藤が生まれる条件だからです。なぜなら父親は、通常、ビジネスに関しては娘たちよりも息子を信頼します。

ただ男だからというだけの理由で、三番目の子どもにビジネスを託すというのは、その順位に逆らうものです。父親の遺言に逆らうということは、それもまた順位に逆らうことになります。だからそこに葛藤が生じるわけです。家族を尊重し、組織の序列を尊重し、両立を可能にするという特別な方法で解決していく必要があります。

農場経営の跡取りについて

ヨーロッパにおける家族経営、たとえば農場経営は、今どんどん潰《つぶ》れていっています。

ある男性は子どもの頃から父親の農業を手伝い、代替わりしてから大きく経営を拡大しました。彼には三人の息子がいます。昔は、農業に従事している人は四十歳代ぐらいまでしか生きることができませんでした。彼が三十五ぐらいになると、最初の息子は、十五~十八歳くらいになっているでしょう。その時点で農場を引き継いでいるわけです。でも今、農業従事者は七十歳まで生きています。彼らはまだ仕事ができるので、十六歳かそこらの息子に農場を託したくはないわけです。で、息子（第一子）は町の大学に行こうとします。もう一人の息子（第二子）もです。そのため、三番目の息子がその農場を受け継ぐことが増えています。

そうすると上の兄弟たちは、末っ子はそれに値しないと思います。一番若いのに家業を継ぐなんて、それには納得がいかないと思います。そこで、何かが正しい順位になっていないと感じます。多くの場合、後継者となった三番目の息子や末っ子は経営に失敗して、潰してしまったりするわけです。

このように家族経営のビジネスというのは非常に興味深い分野です。とにかくビジネスに関しては、その順位、序列というものについて注意深く観察して判断しなくてはなりません。

第7章　「運命の輪」——まとめとして

⑴ コンステレーションが教えてくれたこと

ワークショップを開催し始めた当初、またトレーニングを開始初期の数年間は、クライアントや生徒が向き合おうとする問題のほとんどは、幼くして亡くなった家族の誰かや、事件や事故によって突然亡くなった肉親の誰かと関連するものばかりでした。コンステレーションの場で現れる忘れられていた存在とは、たとえば、三歳のときに川で流されて命を落とした兄であったり、出産時に亡くなった祖母であったり、幼児期に養子に出され家族を見失った父親であったりでした。それまでは原爆によって命を落とした親族や、戦死した伯父、祖父、父親、あるいは帰還兵、引揚者としての親との関係というケースは、どちらかというとそれほど多いとは感じていませんでした。

それが二〇〇八年あたりから、徐々に戦争に関連するケースが増えていきました。しかし、当時の私には歴史についての知識が乏しく、戦争について知っていることと言えば、新聞雑誌テレビから得た情報しかありませんでした。クライアントにとって腑に落ちる解決を見つけ出そうと、それこそ必死で、もつれの原因を自分の力のすべてを振り絞って探り、その場に臨んでいましたが、わずかな知識でコンステレーションを読み解いていくのはどんどん困難になっていきました。そのうち、なぜこれほどまでに自分は戦争について何も知らないのか、歴史に関する知識があまりにも乏《とぼ》しいことに疑問が湧くようになっていきました。

二〇一〇年、戦争のことを知らないままでは、もうこれ以上仕事を続けることができないという切迫した気持ちに駆られ、まずは沖縄と広島と長崎を知り、感じ取らなくてはいけないと思い、その三箇所を訪ねました。

そこから、戦時中を中心に教科書には載っていない歴史のあらゆる側面を調べ続けることになります。その時期はまさに闇の中を手探りで進むような心持ちでした。調べているその同時期、コンステレーションの場の現象には、満州からの引き揚げ、シベリア抑留、南方戦線などが頻繁に現れ始めました。それから東京大空襲を皮切りに、日本中がくまなく空襲で更地のようにされた影響が場の中に浮上するようになっていき、その後に拉致被害者ともつれた人がワークショップに参加するということがありました。そのような現象を目の当たりにして、私はますます戦前戦中戦後に何があったか、その時期の文化の変化を調べるようになっていきます。そして、そのあたりから、参加者や生徒の中に、自由と責任の意味をよくわかっていない人が多いことに気づき始めました。また、むやみやたらと権利の主張をする人がいることが目につくようになりました。最初は私の力量不足への不満をぶつけられているのかと考えたのですが、そのうち個人的なこととはまったく関係ないということに気がつきました。

調べ続けるうちに、敗戦後の日本が戦勝国に統治されていた期間が七年間あったこと、そしてその七年間の後の日本の児童教育が激変したこと知り、それは私の価値観に決定的な変化をもたらしました。

二〇〇四年以来、トレーニングの現場を通して、参加者や生徒の傾向を見ることで社会の風潮の変化を感じています。家族との繋がりを感じることができない人、地域との繋がりを煩わしく感じる人、自分の生まれた国を卑下し、自分と関わりがあると感じられない人、他人との付き合い全般を苦手と感じる人、その代わりに宇宙や自然との繋がりだけは求める人が増えています。

コンステレーションの手法の画期的なところは、それら家族や地域、国や宇宙といった象徴的な言葉を、その象徴が表すエネルギーとして、それぞれ代理人を通して表現してもらうことができるということです。戦争と歴史について調べるようになってから、思いついた方法をトレーニングで試してみることにしました。

ある時、自分の国を感じてみるという練習をしたことがあります。生身の人間に「日本」の代理人をしてもらうのです。自分の後ろに、政治や政治家の思惑とは無関係な「日本／自分の生まれた国」に立ってもらいました。ほとんどの人が背中に温もりや安心感を感じるという経験をしました。多くの人は知らないことですが、生まれた国自身もそこで生まれた生命に愛情を抱きます。

あるワークショップで、原爆の落とされた広島の街と倒れた人々の場面が現れたことがあります。広島の街（代理人）は目の前に横たわる累々とした屍《しかばね》の荒野にパニックを起こし、泣き崩れて、横たわる人々を抱きしめようとしていました。どの街も、どの土地も、そこに生きる人々を愛しているのです。


昔々、ヘリンガーが言いました。

「子どもの運命は親の運命に従うので、子どもには主張すべき権利がない」。

近頃は子どもの権利とか人権という言葉をよく耳にしますが、それを一刀両断にする言葉です。その言葉は長い間私の心の中に保存されていたのですが、戦争について調べていくうちに、「子どもの運命が親の運命に従うものなら、親の運命は何に従うのだろう」と考え始めました。

ずっと子どもの人権という言葉を聞くたびに何か心の奥底でモヤモヤしたものが湧き上がっていたのですが、それについて真剣に考えてみることになりました。そもそも権利という言葉が成り立つには、国や地域社会、働く環境や、各家庭の経済状況が平和で安定しており、豊かに子どもの必要をすべて満たしてやれる条件が揃っているときであり、また、両親の精神状態が常に健全で安定していることが前提ではないのか、と思い至りました。子どもに幸福感を与えるためにできることをすべてやったとしても、リストラにあって不安定な生活を余儀なくされた親は子どもの権利には答えてやることは困難かもしれません。そして、数十年前には戦争があり、日本中が焼け野原となっていたのです。ソ連に抑留された人たちは仲間の餓死や凍死を目の前で見ていたのだし、特攻で飛び立つ同胞を見送った人たちはどんな思いを抱えていたのでしょう。父親たちや伯父たち、祖父たちは文字通り命をかけて戦っていたのにもかかわらず、敗戦という結果に傷つき心を閉ざしました。それらの人たちの子孫が私たちです。そして、その人たちと後の世代の私たちはもつれています。果たして私たちはその時代を生き延びてくれた人たちに対して、主張すべき権利はあるのでしょうか。

そのようなことをあれこれ考えた後にたどり着いたのが下の図（運命の輪）です。子どもの運命は家族の運命に従い、家族の運命はその時代のそ

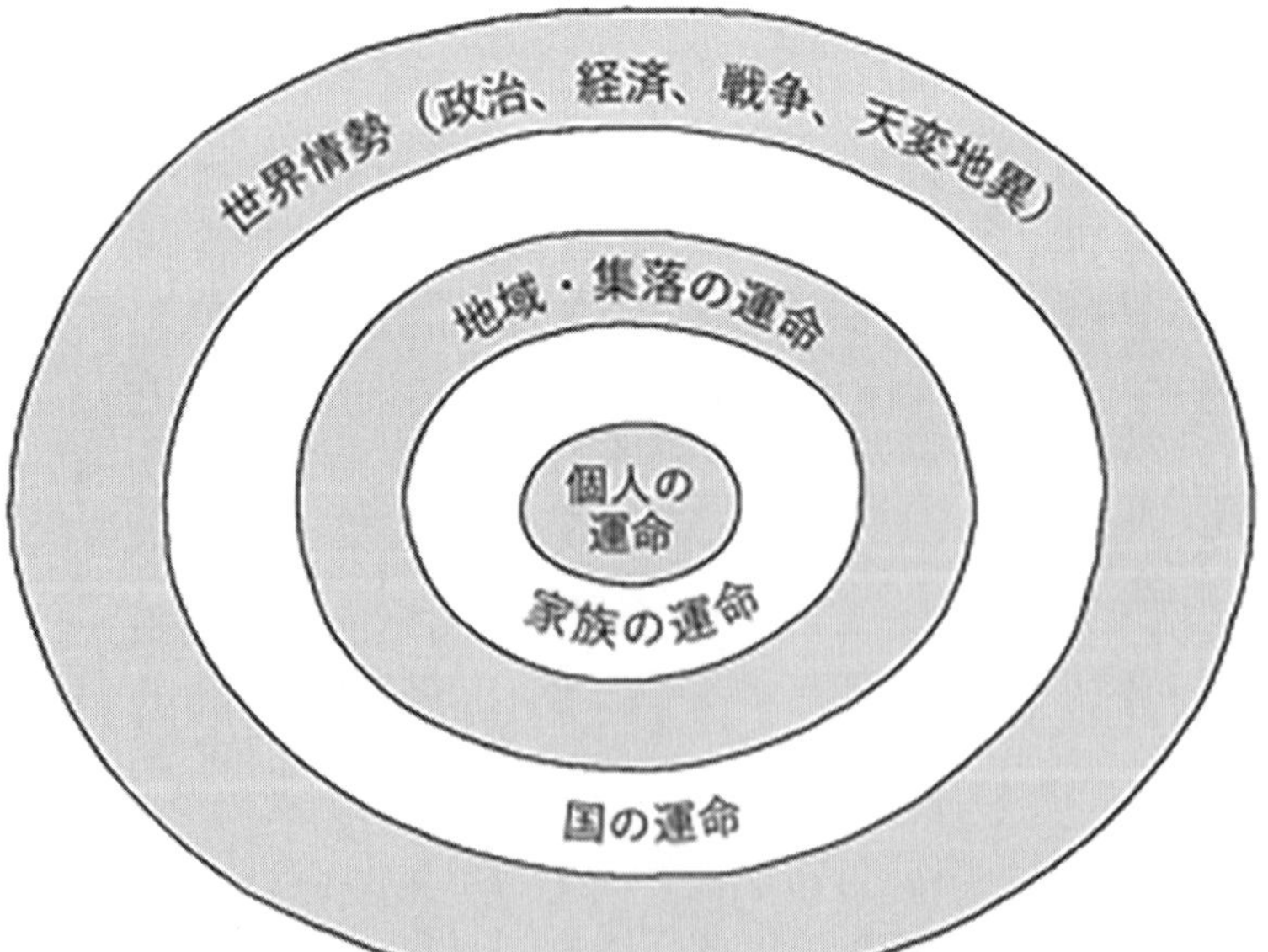

運命の輪

の地域、集落、その土地の運命に従い、その地域の運命は国の運命に従い、国の運命は世界情勢（政治、経済、天変地異）に従います。このことを理解すると、昭和三〇年代によく見られた父親たちが酒に酔うたびに暴力を振るっていた理由が、戦争によるPTSD(20)のせいだったかもしれないと推察することが可能になります。

自分という人間の半分が父親によって、半分が母親によって作られたことを、私たちは知っています。自分を創造し、生命を与えてくれた親の運命を何とかより良いものにしようと、私たちは無意識のうちに奮闘します。まさにそれと同じように、子ども達の中には、国に起きた悲惨な運命を知らぬ間に自分の人生で再現している場合もあることを、コンステレーションを通して何度も目にしてきました。私たちはもっと自分の生まれた土地、生まれた国について知る必要があります。知ることによって、自分という存在が両親だけでなく、とても多くの要素によって創り出されたことがわかるようになります。そうすると、自分を産み育ててくれたもののすべてが今もこの瞬間に力をくれていること、守ってくれていること、応援してくれていることが自分にとって自然な状態なのだと感じられるようになることでしょう。そのとき、私たちは大きな力の中の一部であり、自分が受け取っているものを生命に寄与するために使いたいと願うようになります。

コンステレーションについて学び始めた初期には、「生」や「システム」を情け容赦のない巨大な力のように感じ、圧倒される人もいるかと思います。しかし、「生」はより多く生み出し、より長く続いていくことを願い、そのために私たちを使おうとしているだけです。「システム」はそこに所属した人たちのみならず、その人たちが封印し、飲み込んで、隠してきた思いまでも尊重し、居場所を取り戻させようとしてくれます。それらに守られ、それらとともに生きることが私たちには許されています。それらの力が自分の中に生きていると受け止めるとき、それが自分を守る力でもあるのだと知ることになります。そして、それはとても謙虚な行為であり、実はそれこそが「等身大で生きる」ことの意味なのではないかと思うのです。

(2) 魂はゆっくり進む

ホーネンは初回のトレーニングの終わりにこう語ってくれました。

「今回のトレーニングでは、与え受け取ることのバランスについてお話ししました。私はヘリンガーはこれを見つけ出すのに六年かかりました。私はヘリンガーの書いたものを読み、何十回も何百回も彼の仕事の仕方を見てきました。その上でなお、私は今も皆さんに説明するたびにこの理解を深め続け、新しい発見をし続けています。

それから、良心の制限についてもお話ししました。また、そこに存在する磁力がいかにして私たちをシステムの中に自分をもつれ込ませ、引きずり込んでいくのかを見てきました。

それからまた、幼い子どもが世界を見るにあたって、全く異なった視点で世の中を見ていることを学びました。それは未だに、誰の中にも生き続けている視点なのです。

最もよいことは、私がお話したことを忘れ去ってしまうことです。身体感覚を通して、自分自身の洞察を通して、この情報をゆっくりと消化していっていただけたらと願います。それは頭で考えるものではありません。感じるのです。どのようなエネルギーの中に人がいるのか。地下鉄に乗っているとき、目の前のカップルを見て、どのようなエネルギーの二人がいるのか。家族を見るときに、どのようなエネルギーの中にその家族がいるのかを見てみてください。男の子がいたら、その子は母親のエネルギーと一緒にいるのか、父親のエネルギーと一緒にいるのかを見て、感じてみてください。

今回、ここで体験したことを土台にして、色々と想像の範囲を広げてみてください。自分の生まれ育った家族システムというものをより広い視野で眺めてみるのです。家族について調べてみてください。あなたのお祖父さんや、お祖母さんたち、曾おじいさんや曾おばあさんたちはどのような時代に生きて、何を感じて日々を過ごしていたか、少しずつ想像を働かせてみてください。家族の役に立ちたいという自分の内側にある隠れた願望から、もしも現在苦しんでいるとしたら、それを知ったお祖父さんたち、お祖母さんたち、曾おじいさんたち、曾おばあさんたちの目は何を語るでしょうか。

自分に優しく居てください。今自分がやりたくないと感じたことを、無理に自分にやらせたりしないでください。私たちの無意識層、私たちの魂というものは、想像よりもはるかにゆっくり変化するのです。

アフリカで、こういうお話があります。

ある男が砂漠に住む親戚を訪ねるため、ジャングルの中から出てきました。彼は熱帯雨林を背後にして腰をおろし、二～三日そこにじっと座り続けていました。一人の男がそこを通りかかって、「いったい何をやっているのかね」と尋ねました。彼は答えました。

「ジャングルを出て、砂漠に住んでいる親戚を訪ねて行くところなんだ」。

「それじゃぁ、なぜさっさと行かないんだい？」。

「俺の魂はとてもゆっくり歩くもんでね。俺に追いつくのを待っているんだよ」。

皆さん、どうぞ、人生の美しさを探し求める旅を歩み続けてください」。

⑶ その後のホーネンとヘリンガー・インスティテュート・ジャパン

ホーネンは当時、ベルリンでは成功したサイコセラピストでしたが、セラピストらしく見えないような服装を心がけることが彼の美学でした。ビートルズとコンバースのバスケットボールシューズを愛する、オールドファッション・ヒッピー風が彼のスタイルでした。当時、孤高のセラピストであったヘリンガーにとって、世界中を共に旅するホーネンは各地で経験する仕事について語り合える相手であり、助手であり、弟子のような存在でもありました。

しかし、二〇〇一年、二〇〇二年のあたりは、ヘリンガーの仕事と彼を取り巻く人間関係が激しく変化する時期でした。ヘリンガーの名においてヨーロッパ、アメリカの心理療法の世界で一世を風靡した「ファミリー・コンステレーション」をいったん脇に置き、そこから「ムーブメント・オブ・ザ・ソウル」へとヘリンガーの仕事は移行していきました。同時に、それまで共に研究してきた、ハンター・ボーモント、アルブレヒト・マー、ヤコブ・シュナイダー、グンタード・ヴェーバーなど、非常に近しい関係にあった人たちとも、ヘリンガーはやはり距離を置くようになりました。それまでは、誰もがヘリンガーとファミリー・コンステレーションは一体のものと信じていたのに対し、まるでヘリンガー自身がその手でみんなの思い込みを断ち切るかのように、「ファミリー・コンステレーション」と「ヘリンガー」をすっぱりと切り分けていきました。

二〇〇二年の東京でのワークショップの終了後、そのまさに東京の会場で、ヘリンガーはホーネンと私にも（なぜか）距離を置くことを通告しました。私の側には思い当たる節が全くありませんでした。私も「ヘリンガーとファミリー・コンステレーションは一体」と信じ切っていた一人だったので、突然告げられた言葉の意味が分からず、消化するまでにずいぶん時間がかかりました。ドイツにいる大先生たちにメールで相談し、また私がドイツに行ったときには整理のつかない思いを聞いてもらいました。その時期、誰もがヘリンガーの変貌に戸惑い、困惑し、混乱し、そして助け合いながら、ヘリンガーとの関係が変化したことを理解しようと努めていました。その全体像を振り返って眺めると、非常に重要な変化の過程だったことが理解できるのですが、その当時は誰にとっても何か理不尽な仕打ちを受けたような、やりきれない気持ちに覆われる、納得しきれないとても困難な時期でした。

二〇〇二年のその東京の会場でヘリンガーから「今後お前とは仕事をしない」と告げられたホーネンは、ヘリンガーが香港でのワークショップに向かったときに、彼も同行するつもりで持っていた香港経由のチケットでベルリンに戻っていきました。ホーネンがベルリンに着いた十日後、ホーネンの父親が亡くなりました。同年、私もまた、母が末期がんの闘病生活に入り、敬愛するヘリンガーと距離を置くことになり、夫と別れ、夫婦で行っていた事業が終わったことから収入を失い、母が他界しました。そして、その後一年近く体調を崩すこととなります。

ホーネンとしても、ヘリンガーと共に行うはずだったアジアでのトレーニングツアーの構想が消え失せ、数々の出来事が重なり打ちのめされていたはずなのです。そんな中、ホーネンは一週間に一回、十日に一回のペースでメールをくれたり、電話をかけてきたりと、ひたすら私を励まし続け、トレーニングを立ち上げるように迫り続けました。彼こそ絶望的な気分の中にいたにもかかわらず。

私は「トレーニング」などという、とてつもない企画を立ち上げるために必要となる気力も体力もないことを自覚していたので、「私には受講者を集めるために必要なエネルギーがない。自分にはとうてい無理」と言い続けていました。でも、ホーネンは断固として折れなかったのです。

「よし、こうしよう。君の準備が整うまで、トレーニングではなくて、ワークショップをやろう。アジア・

トレーニングのために空けてある日程でオープン・ワークショップをやるために僕は日本に行くことにする。そこでトレーニングについてアピールし、開催のための基盤を整えよう。ワークショップの参加者の数は君が集められるだけでいい」。

そこまで言うものだから、私は仕方なく、断りきれなくて、渋々、本当に渋々、ホーネンのワークショップを開催するようになっていきました。

一回目のワークショップ参加者が二十名を切っても、ホーネンは文句など一切言わず、ひたすら私を説得しようとし続けていました。

「チェトナ、[21]トレーニングをやらなきゃダメだ。いつまでも一回こっきりの、次に繋がらないワークショップをやっていては、日本がとんでもないことになるんだ。日本をドイツの現状みたいにしてはいけないんだ。このまま行ったら日本でも覚悟も責任感もない人たちが次から次へと出てきて、基礎を知らずに見よう見まねだけで行う人たちによって、このワークが広まっていってしまうんだよ。日本がそうなっても、チェトナ、君はいいのか。いいかい、バートはずっと、ファミリー・コンステレーションのトレーニングを行うことに反対してきた。誰でも学ぶべきだと言って、専門家の特技にすべきではないと言って、見て学ぶことができるから、ワークショップに参加して、母親は家に帰って自分の子どもを理解することに役立てなさい、医者や看護師は患者のために、保育士は幼稚園、保育園の子どもたちのために、教師は生徒のためにファミリー・コンステレーションを役立てなさい、と言い続けてきた。

確かにバートが言っていることにも一理ある。だけど、それだけでは済まなかったんだ。バートのワークショップに数回参加して、バートの本を読んで、すっかりわかった気になって、ワークショップやトレーニングを始める人間がたくさん生まれてしまった。そして、それらに参加して、そこからワークショップやトレーニングを始める人間まで出てくるようになってしまったんだ。

バートは、バートの知識と経験があってできることを誰でもできると思ってしまった。それは間違いだ。今ではドイツはもう手遅れなんだ。基礎も理論も知らない人たちが大勢見よう見まねで、クライアントの人生と生命に関与している。チェトナ、日本がそうなってしまうかどうかは君にかかっているんだよ」。

「でも、ハラルド、私なんかがそんな大役できるとは思えない。私には荷が重すぎる」。

数ヶ月後にホーネンはまた日本に来てくれました。ホーネンの二回目のワークショップの参加者は確か十六人くらいでした。お金がなくて、私にとって大先輩の、先生でもあるホーネンの宿泊には、安っぽいビジネスホテルしか用意できませんでした。そんな結果でもホーネンは決して怒りませんでした。でも静かに、毅然と、私に最終の決断を迫りました。

「チェトナ、君がトレーニングを始める気がないなら、僕はもう日本に来ることはできない。次の日程は二〇〇四年だけど、その日がトレーニングの開始の回でないとしたら、僕が日本に来るのは今回が最後だ。いいね」。

わかっていたこととはいえ、軽くショックを受けながら、重い気持ちで私は答えました。

「ハラルド、私は精神科医でもなければ、サイコセラピストでもない。大学で勉強したことは全く違う分野なので、そんな私がトレーニングを主催したとしても、社会的に認められるものにできる自信がないの。コンステレーションの価値がわかるからこそ、私ではダメだと思う」。

「いいかい、チェトナ。ドイツではファミリー・コンステレーションを、セラピストや精神科医だけが使えるものにすべきだという議論が持ち上がって、それについては随分話し合われ、検討されてきたんだ。だけど、サイコセラピストだから、精神科医だからといって、ファミリー・コンステレーションにおいて有能とは限らないことが、もう結論として出てしまっているんだ。

しかし、もしそのファシリテーターが有能な場合、その人が精神医療や、臨床心理を学んでいたら、何も勉強していないでコンステレーションをやっている人よりも、はるかに安心できる存在となるんだ。人の心に関与することの危険や恐さを知っているからね。今の日本に、ヘリンガーのファミリー・コンステレーションのセミナーの現場に、君以上に参加し続けた日本人が他にいるのか？

チェトナ、君以上に、ドイツのトレーナーたちとの間に太いパイプを持っている人間が他にいるのか？　君がオーガナイズした二〇〇一年の日本の二カ所のワークショップのクオリティは、僕が見続けてきたヘリンガーの仕事の中でもここ数年来《すうねんらい》なかったぐらいの素晴らしい内容だった。主催者の姿勢がワークショップの質を決めるんだよ。君は自分を見くびり過ぎだ」。

そこまで言ってくれても、私にはまだ決めることができませんでした。

「時間をください。ここで決めることはまだできないので、しばらく考えさせてほしい」。

「チェトナ、いつまでに返事をくれるか、期限を区切って欲しい。僕も今後の仕事のスケジュールを決めなくてはならないんだ。待てるのは二週間。それ以上は無理だ」。

「わかりました。二週間以内にやるかやらないか返事をします」。

ホーネンがドイツに戻った後、漆黒の闇の中に浮かんでいるような、重苦しい雲に包まれているような気持ちの中で私は自問を始めました。二〇〇二年まで自分が生きて信じていた世界は崩れ落ちてしまったため、その世界に住んでいた自分を、もはや私は信じられなくなっていました。

二〇〇一年に来日したときには、私はそれほどホーネンと話をしなかったし、友人と呼べるほど親しくもなってはいませんでした。二〇〇二年にヘリンガーはアジアツアーの一カ所として再び日本を訪れました。日本に来る直前は台湾だったか、中国だったか忘れましたが、そちらでの仕事はすでに「ムーブメント・オブ・ザ・ソウル」へとかなりの割合で移行していたようです。

その時のことが後に耳に入ってきました。ホーネンはヘリンガーに口うるさく苦言を呈していたのです。「ファミリー・コンステレーションはセラピーとして人が学ぶことができるものだけれど、ムーブメント・オブ・ザ・ソウルではとても宗教的な色合いが濃くなっています。これをセラピーとして受け取る人を生み出してしまう行為は、クライアントにとって危険です。見せる責任というものを考えなくてはいけません」と。

ホーネンの言っていることは確かにもっともなことなのです。しかし、天才は、自分の仕事が自動的に進化していく力をコントロールすることはできないのではないかと思います。ホーネンは、ヘリンガーなら仕事の変化を制御できると思っていたのでしょう。そんな口うるさいホーネンを身近に置くことはヘリンガーにとって負担だったのだろうと、後日ドイツの先生の一人が言っていました。そして、ホーネンはそのアジアツアーの最終地である日本で、カメラマンの役割からはずされました。

※※※

それからだいぶ後になって、なぜ私が二〇〇二年を境にヘリンガーのワークショップの主催者ではなくなったかという、その理由がヘリンガーの言葉を直接聞いたという人から知らされました。その理由とは「チェトナのエネルギーが低かったから」だったそうです。

二〇〇二年のヘリンガー来日当時、母の容態はひどく悪く、私は毎日病院に通いながらワークショップの準備を進めていました。自分の手が行き届かないところは、前年のワークショップでも働いてくれた当時の助手が、私の及ばない部分をすべて補い、それ以上のことを成し遂げてくれていて、準備としては万全を超える完璧な状態となっていました。しかし、ヘリンガーが空港に到着した日、開腹手術をしたばかりの母に付き添っていた私は、ワークショップの開始までには合流したものの、空港への出迎えには行けませんでした。その状況下で「主催者としてエネルギーが低い」と評価されたのであれば、それはもう仕方がありません。

しかし、本当のことは誰にもわかっていません。もしかしたらヘリンガー自身にも。ファミリー・コンステレーションの神様が、ヘリンガーを通して、ホーネンと私に対して何か重大なメッセージを突きつけていたのかも知れないのです。

ヘリンガーが日本を発って香港に向かう日、ホーネンも当初カメラマンとして同行する筈だったため、すでに持っている航空券によって同じ便に乗るしかありませんでした。

私は、ヘリンガーがホーネンに対し、カメラマンとしての役目は終わりだと告げている場所にいました。どんな雰囲気で、二人がどのような表情で、何が起きたかを自分の目で見て、体験として持っています。

空港で、ホーネンはそれまでと何も関係が変わっていないかのように、七十六歳のヘリンガーの長旅の重い荷物をカートに移し、移動を手伝い、チェックインまでいつも通りの手助けをしていました。その姿を見た瞬間、ホーネンのヘリンガーへの愛の深さに、そして、そのホーネンの手助けをなおも当然のように眺めているヘリンガーの姿に、胸が張り裂けそうになりました。そこから私自身もヘリンガーに対して距離を置く用意ができたのです。ホーネンがどういう人間かを知り、私の中にはホーネンへの信頼が宿りました。その場面に立ち会っていなければ、その後ホーネンがメールをくれても、電話をくれても、自分のことで精一杯だった私は、ただただ放っておいてくれるように頼んでいたことでしょう。

※※※

ホーネンが私に言い渡した意志決定の期限は二週間。その頃、私の体調はかなり悪く、身体中に痛みを抱え、まともな睡眠を取れなくなって数ヶ月経っていたため、顔色は土のようでした。その中で私はトレーニングを開始するかどうかを決める必要に迫られたのです。とてもトレーニングのことなど想像すらできる状態ではありません。母を失った傷みは筆舌に尽くしがたく、悲しみがいつか終わるなど考えることもできず、夜は明けないと信じていた時期です。

ホーネンに返事をする日は近づいてくるけれど、何を根拠にトレーニングを開始するなどと決めることができるのか。体力も、自信も、根拠も、基盤も、自分には何もないことしかわからない状態で。真っ暗でした。四方八方ただただ真っ暗な中にいました。そして、いくら考えても何も見えないことしかわからないと、それだけがわかったある日、二つのことを想像しました。トレーニングをやらない未来と、トレーニングをやっている未来。

トレーニングをやらない未来を見ようとすると、浮かぶのは馴染み切った漆黒の闇のみ。トレーニングをやっている未来を想像しようとすると、真っ暗な道のりの遥か彼方に、ほんのわずかばかりの薄ぼんやりした光が見えるような気がしたのです。その場所から自分を振り返ると、やはりどんな根拠も自信もないままであることは何も変わっていませんでした。もう一回、見ようとしました。トレーニングをやらない未来と、トレーニングをやっている未来。やはり、同じものが浮かびます。一方には闇のみが、もう一方には小さな薄ぼんやりした白い光が。ホーネンに決心したことをメールしました。

二〇〇四年の三月初旬にヘリンガーが再びワークショップのために来日しました。私はそこに招待されていました。もっとも激しい変動の時期は山場を越え、まだ完全に消化しきれたとは言えないまでも、私は再びヘリンガーに話ができる距離を持つことができるようになっていました。そして私は勇気を振り絞りました。ホーネンと共同で、日本で最初のトレーニングを開始することを伝え、そしてその案内をワークショップ会場に置かせてもらいたいと頼んだのです。断られることも覚悟していたのですが、了承してもらうことができました。


同年三月下旬、日本で最初のファミリー・コンステレーションのトレーニングの開始です。しかし、人を集めるためには、その頃の私の力はまだ弱く、開始直前の時点ではトレーニング受講が確定しているのは十数名しかいない状態で、絶対に採算の取れるようなものではありませんでした。それをホーネンがまたアイデアを出して、第一期に限り、トレーニング初回だけはオープンにして、体験してから受講を決めてもよいという条件を提案してくれました。ひねり出せるアイデアは全部絞りつくしてのスタートです。そのおかげでどうにか二十二名の受講者が確定し、いよいよ第一期ファミリー・コンステレーション・トレーニングコースがスタートしました。

トレーニングを待ち望んでくれていた人たちの中には、二〇〇一年にヘリンガーが日本で初めてその仕事を見せてくれて以来、三年間待ってくれていた人たちもいました。その人たちも、いつ始まるかわからないトレーニングをこれ以上待つことはできないと、あきらめ始めていた時期でした。本当に開始するにもぎりぎりで可能な時だったと、これもまた後から知りました。

それにしても、この第一期トレーニングを受講した人たちは、その後の歴史に残るのではないかと思うくらい、凄まじく個性豊かな人たちの集まりでした。全く日本で初めてとなるセラピーのトレーニングです。ホーネンはまるで険しい未開のジャングルを、鉈《なた》を片手に、いばらで体中に切り傷を負いながら、切り開いていく開拓者のようでした。受講者の中には正しい学びの礼儀というものがあるのかどうかさえ知らない人もいて、教えてくれているホーネンに何を思ったか食って掛かったり、論破しようと勘違いする人もありで、野生の王国さながらです。その険しい未開のジャングルには当然のごとく野獣も生息しており、薮の中から突然猛獣が飛び出してホーネンの腕に噛み付くのを、振り払い、たたき落としては首根っこを押さえてというような、ホーネンにしかできない、それはまたブルドーザーで山を切り開いていくような、ダイナミックなトレーニングでした。ようやく物事は順調に進み始めたかのように見えました。

ホーネンはメキシコ人の妻ブランカと結婚してからメキシコに住むようになり、メキシコ時間を元に生活のサイクルを作ってしまっていて、それはもう、その弊害たるや甚大でした。以前のホーネンはドイツ人らしく、時間に忠実に仕事を開始し、休憩を取り、適切な時間帯に終えていたのです。それがブランカと一緒にメキシコからアメリカ西海岸経由で日本に来るようになってからは、開始時間を平気で二、三十分遅刻してきて、受講生が全員着席している姿を見て驚いたり、昼食の休憩時間をメキシカンタイムの午後二時過ぎから受講生に与えたり。当然、会場周辺のお店のランチの時間は終わっています。夕方五時過ぎから長い休憩を取って昼寝をするとか言い出し、私がそれはならん！と許さず、予定外にトレーニングを夜間に持ち越そうとするなど。それまでのドイツ人らしいホーネンに何が起きたか理解できず、大量の苦情が私の元に殺到しました。それらをホーネンに伝え、彼はようやく、日本ではメキシコ時間で行動してはいけないことを思い出すこととなりました。それに対してブランカは多少不服そうでしたが、不服が山のように募っていたのは受講生の側なのです。

一期トレーニングも中盤を過ぎ、状況は安定してきたと思えた冬、二〇〇五年の一月、私の父が倒れました。外科手術の後で肺炎を引き起こし、意識不明のまま入院治療が続くこととなりました。全六回のトレーニング・コースの中で、二月はホーネンが担当する最終の回となっていました。その二月のトレーニングを私は最後の一日以外、欠席せざるを得なくなったのです。父の容態は重篤で、苦渋の選択でした。

ホーネンには胸がつぶれそうな気持ちでその選択を伝え、一期生の方々と通訳の方に事情を説明して、やむを得ず最終日のみ駆けつけることを了承してもらいました。

私不在で行われたホーネンによるその最終トレーニングは、彼にとっても大変なチャレンジだったと、後に私にぼやいていました。トレーニングにおいて主催者はいわばトレーナーの女房役です。ホーネン曰く、「ママが留守だと、子どもたちはパパの言うことなんかちっとも聞きやしない。クスン、パパは寂しかったよ」。これぱっかりは本物の女房のブランカがそばについていても、日本の受講生たちには通じません。

それでもホーネン担当の最終日、二月二十五日に私は間に合わせ、ホーネンの伝説のスピーチ(22)の通訳をやることができました。

その夜、私たちは夕食を取りながら、その日に至るまでを振り返っていました。色々なことがあり、それらと向き合い、乗り越えながら、やっとここまでたどり着くことができたことを思い、私もホーネンも感慨はひとしおでした。ホーネンはブランカと一緒にこれから香港で休暇を過ごすと、いつも仕事優先で新婚旅行を後回しにしてきたため、二人ともすごく楽しみにしていました。私はすぐに父の元に戻らなくてはならなかったので、翌日、空港で二人を見送り帰路につきました。札幌に帰ると父は人工呼吸器を装着したままではあるけれど、容態は落ち着いていてほっとしました。

ホーネンとブランカが香港に発ってから五日後の金曜日の夜、ドイツの先生グンタード・ヴェーバーからメールが届きました。そして日曜日には、私は香港の地に立っていたのです。

ホーネンが生死の境をさまよっていると、グンタードのメールに書かれていました。読み終えた瞬間、すべての思考は吹っ飛び、頭の中が真っ白になりました。何が起きたのか理解できず、たった数日前の彼の姿や仕草の映像と、色んな感情がいっぺんに吹き出しました。数分間頭の中がグチャグチャになって、部屋の中をぐるぐる歩き回り、自問しました。

何をすべきか

何をすべきか

もっとも早急に何がなされなくてはいけないのか

ブランカは片言の英語しか話せないから、誰か手助けをする人が必要な筈。父のここしばらくの容態を思い描き、父と繋がろうと全神経を父に合わせ感じ取ろうとし、それから、今この瞬間のホーネンのことを思い、やはり全神経をそちらに向け、どっちが緊急かを死に物狂いで感じ取ろうと努めました。香港に行かなくてはいけない。父はまだ死なない。ホーネンの方が今は危ないと感じました。

最短で香港に行くためにしなければならない段取りを、頭の中ではほとんど秒速で算段します。グンタードからメールを受け取ったのが金曜日の夜、旅行代理店はほとんどが土曜日は閉まっている。猶予のない中では格安チケットは取れない。ホーネンの入院がどれくらいかかるかわからないから、多少なりともお金を握っていかなくてはならない。父の状態を鑑みて自分に許せる、香港に滞在できる期間は四泊。土曜日の便はすでに満席で、手に入れられる航空券は、日曜日の便の空港で当日買う正規運賃のチケットのみ。旅行だったら絶対に買うことなど考えられない種類のものです。それでも土曜日の朝の電話で、日曜日には飛べると座席を予約することができ、いったんは落ち着くことができました。グンタードにまたすぐメールを出し、できる限り詳細な情報を聞き出しました。ブランカの携帯に電話をしても、留守電になっていてなかなか繋がらずやきもし、ようやく声を聞くことができたところで、宿泊しているホテルと入院先を聞き出し、正確な所在地をネットで検索し、数日前に片付けたスーツケースをまた引っ張り出しました。出発まで一日。すべきことは、父の病院に行って枕元で語りかけること。

「お父さん、私の恩人がひん死の状態なので香港に行ってきます。私がいない間にお父さんは絶対に死なないで」。

それからブランカの必要なものを聞き出して準備しておくこと。初めて行く香港。日曜日、香港着。荷物をホテルに置いてすぐに病院へ。そして、集中治療室にいるホーネンと会えました。ブランカから「メキシコにいるヒーラーに写真を送りたいから、病床の彼の写真を撮ってほしい」と頼まれ、携帯で数枚の写真を撮りました。正直、そんな状態のホーネンの写真を撮るなど、ものすごく抵抗がありました。昏睡状態のホーネンの写真は、胸が苦しくなるので、とても公開できません。

そして何があったかをブランカから聞くことができました。三月一日にホーネンとブランカが香港に到着し、空港の中の長い長いエスカレーターを降りているその真ん中あたりで、ホーネンは意識を失ったそうです。脳溢血です。ホーネンの体重は約百キロ、その上二十キロ近い重さのバックパックを背負っていたそうです。香港の空港を訪れたことのある方はご存知でしょうが、そのエスカレーターはとても長く、深く、中間地点からでも、もしも地面まで転げ落ちたら大けがをします。

ブランカはホーネンの異常に気がつき、シャツの胸ぐらをつかみ、「ハラルド！　ハラルド！　立って！

目を開けて！」と耳元で呼び続け、崩れ落ちないように支え続けていたそうです。自分自身、十キロを越えるバックパックを背負ったままで。どれほど果てしなく長い時間だっただろうと思います。

下の階の地面に到着した瞬間にホーネンは床に崩れ落ち、ブランカは彼の名を呼び続け、周囲には人だかりができても、医者が必要だと誰かが気づいたのは二時間近く過ぎてからだったそうです。

「酔っぱらいだと思われたの」。

ブランカはつぶやきました。適切な処置をしてもらえず、当初、病院を三つたらい回しにされて、香港で一番と言われる四つ目の病院に移送されたのは、すでに血管が破裂して二日経ってからとなっていました。私がグンタードから連絡を受けたのはホーネンが倒れて五日後、香港に駆けつけることができたのは七日後、一週間前の日曜日、私は彼の通訳をしていました。

ホーネンは一命をとりとめました。でも、適切な治療が施されるまでに二日間もかかってしまった以上、後遺症は免れません。日本での、私不在で行われていたトレーニングの日から、ホーネンはひどい頭痛を訴えていたそうです。全然効かないと言いながら、アスピリンを飲み続けて教えていたのです。すでに日本にいた時から始まっていたのです。もう予兆はあったのです。何も知らなかった自分が情けないやら、悔しいやら、腹が立つやら、無力感に苛まれるやら。やりきれない思いでつぶれそうになりながら、思い出されるのは東京での気丈に振舞っていたハラルドの姿ばかりです。

「だから水を飲めって言ったのに、いつもコーラしか飲まないし！　なんで、日本で倒れないのよ！　日本だったらもっと早く適切な治療を受けられただろうに。私、もっと早く駆けつけることができたのに、もっと何か、できたはずなのに！　もう、何でハラルド一人に教えさせてしまったんだろう」どうしようもなかったと頭では解っていながらも、心は後悔で圧し潰されそうになりながら自分を責めるばかりでした。

ホーネンは、彼が教えられることを全部私に伝授し、自分の担当の部分をやり遂げて、責任を全うして日本を離れました。ヘリンガー・インスティテュート・ベルリンを主宰していたホーネンが、日本に世界基準のトレーニングを確立させるようにと、彼の持っていたノウハウをすべて私に教え込み、道筋を作って、段取りし、自力では立てなくなっていた私を力ずくで立たせ、後ろから尻を叩き、ときに背中から蹴りを入れて、進ませました。ファミリー・コンステレーションのトレーニングは、日本ではそんなふうに始まったのです。

私が日本に帰る日、空港に行く前に病室に立ち寄ったら、ホーネンは目を開けていました。

「ハラルド、わかる？　私、チェトナだよ。ここは香港で日本じゃないよ。ハラルドは一週間寝てたんだよ。」

相変わらず弱々しいけれど、何が起きているのかわからないというような顔をしていたけれど、ホーネンの目には光があって、私を見分けているように私には感じられました。点滴のチューブがついている、麻痺していない方の手を握って、

「ハラルド、早くよくなってね。もう第二期のトレーニングの問い合わせが来てるんだよ。今の生徒たちの中にも、もっと継続して学びたいって言う人たちがたくさんいるよ。待ってるからね。また一緒にやるんだからね」ホーネンの手が私の手を握り返してくれました。思ったより強く。

後ろ髪を引かれる思いで香港を発ちました。新千歳空港からまっすぐ父の入院している病院に直行し、容態が変わっていないことを確認し帰宅したのですが、私の気持ちは落ち着きませんでした。近いうちにまた香港に行くべきだと思ったのです。そう予定を立て始めた矢先、突然足に激痛が走り階段を上がることすらできなくなってしまいました。無理をしてでもまた香港に行こうとしていたけれど、再度の香港行きは断念せざるを

得ませんでした。

次のトレーニングへの問い合わせが増え続けていく中で、私は一人、心細さに悩んでいました。ホーネンをメインの講師にすることでトレーニングは成り立っていたので、二期のトレーニングを自分一人で教えることなどできるわけがないのは確かでした。私はホーネンの復帰の可能性に賭け、そうじゃない可能性を見ないで済ませたいと、どこかでわかっていながらも現実を見ることを後回しにしていました。しかし、二期トレーニングまでの時間はどんどんなくなっていき、次の決断をしなくてはならない緊迫感は、常に冷たく背中に張りついていました。別のトレーナーを探すことが、即ち、ホーネンの復帰を諦めるようで、心はキシキシと音を立て始めていました。ホーネンは強く、強引で、たくましくて、豪快で、エネルギーに満ち溢れていたのです。そんなホーネンだから、一年くらい静養したら、根性でリハビリをして次のトレーニングには間に合わせてくれるのではないか、そう信じたかったのです。

十二月、ドイツで活躍する大先生の一人、ハンター・ボーモントがワークショップのために来日したときに相談に乗ってもらいました。ボーモントはその場で、「ホーネンを次のトレーナーとして迎えることは無理だ」と言い切りました。ドイツの精神医療界で認められ始めた若手のセラピストを紹介しようかと提案してくれましたが、私の頭の中にはロンドン在住のアメリカ人セラピスト、ヘリンガー・インスティテュート・UK（当時）を代表していた、リチャード・ウォールスタインが頭に浮かんでいることを伝えたところ、ウォールスタインなら申し分ないと太鼓判を押してくれました。ウォールスタインにメールで打診したところ、彼の多忙な日程の中で、こちらの希望の日程が奇跡的に空いていました。そして、ウォールスタインを代打のトレーナーに迎えて、無事、第二期トレーニングが始まることになります。新規受講生三十名に加えて、継続して学びを深めたいという一期からの再受講生十五名という大所帯で。

私はホーネンに頼りっきりでした。ホーネンがいなければ、トレーニングを提供することが未来に何を残すことになるのかさえも本当にはわかっていなかったのです。すべてホーネンが教えてくれたことです。心のケアのように目に見えないものを教えることで得る、その報酬をもらう基準をどうしたらよいかとか、コンステレーションにおいて、何をどのように教えることが、自分のためでもなく、生徒のためですらなく、今苦しんでいる未来のクライアントのためになるのか、そして、その本来の目的を忘れなければ、結果、自分のためにも、生徒のためにもなるということ。あのときホーネンが私を無理矢理に力ずくで立ち上がらせていなかったら、もしかしたら私は今頃、違う職に就いていたかも知れません。私には、トレーナーになりたいなどという願望も野心も希望もありませんでした。部屋で座ったまま泣き暮らして、そのまま餓死しても別に構わないくらいの受け身な状態だったのです。

自分には何の力もないことをわかっていたので、ただひたすらホーネンが私に教えることをそのまま吸収していきました。そして、いつも手一杯で、考えるより先に今日やらなくてはいけないことを必死でやり続けていたら、気がついたらトレーニングは二〇一九年まで続いてきたのです。

一度、ある方が私の仕事ぶりを「チェトナは仕事の軸がぶれない」と、評してくれたことがありました。私が作った軸じゃないので、ぶれないで済んでいるのだと思います。トレーニングを提供する以上、ホーネンが託してくれた基準を高いまま保つように、いつも本気で全身全霊で、その時点で教えることができるすべてを教え切るのが仕事です。それくらいやってようやく普通なのです。命がけで日本のトレーニングを形作ってくれた人のことを思えば。

ある日、ひょっこりホーネンが
「ハイ、チェトナ、ハイ、エブリバディ」とニコニコしながら、トレーニングの会場に入ってきたら、私は胸を張って
「お帰り、ハラルド。あなたが教えてくれたことをちゃんと伝えることができるようになっているでしょ」と威張って言えるようにしておきたいのです。
「次の回はハラルドが担当ね」と言うのが、今も私の夢です。
現在の彼は奥さんのブランカと共にメキシコに住んでいます。コンステレーションの世界での、私の兄についての話です。

〔脚注〕
(20) PTSD（Post Traumatic Stress Disorder：心的外傷後ストレス障害）は、強烈なショック体験、強いストレスが、精神を傷めつけ、時間が経過しても過去の記憶が蘇り、それに対して強い恐怖を感じる。戦時下での体験、自然災害、火事、事故、暴力や犯罪被害などが原因とされています。突然、その体験を思い出す、不安や緊張が続く、めまいや頭痛、摂食障害、不眠などが症状としてあり、何カ月も続くことがあります。
(21) 本書の著者である小林真美は、瞑想の師 Osho からチェトナという呼び名を二十代中ばで受け取っています。海外の講師にはそちらの名前で読んでもらう必要がありました。西欧、特にドイツではマミという呼び方は子ども言葉でのママにあたるため、ヘリンガー、ホーネン他、どの講師も本名で呼ぶことに一様に抵抗を隠せませんでした。海外から招待した講師たちによってこちらの名前で定着したため、小林は現在も仕事の場、ワークショップ、トレーニングのときにはチェトナと呼ばれています。
(22) "Introduction of Family Constellation"（ファミリー・コンステレーション概論）というタイトルで、のちにDVDを自主制作し、販売することにしました。

あとがき

二〇〇三年と二〇〇四年、ヘリンガーは新たな共同主催者三名の力で、再び日本でワークショップを開催することになり、私は前任としてご招待に与《あずか》りました。私の中ではまだ、ヘリンガーに対しての気持ちの整理が完全にはついたとは言えないような、未消化の部分は残っていたのですが、それでも招待されたことは光栄でした。

瞑想の師であるOshoはよく、「私の指を見るのではなく、私の指が指している月を見なさい」と語っていました。ヘリンガーとの関係の変化を理解しようとするたびに、私の中でその言葉が何度も思い出され、そのことの指し示す方向に何があるかを考え続けました。そのうちに、ファミリー・コンステレーション即ちヘリンガー、という図式に無理があることが自分の中に浸透していきました。ファミリー・コンステレーションは有機的なエネルギーであり、ヘリンガーはそのエネルギー自体が選んだ、自らを表現するために必要な資質を兼ね備えた人材なのだととらえることができるようになって、自分の中の何かが穏やかになっていくのを感じました。それが果たして事実なのか、真実なのかはわかりませんが、そう理解したところから、それまでやりきれない思いで硬直していた私の心は、再びヘリンガーに対して開くようになっていきました。ようやく、「私自身にとってのコンステレーションとは何か」という問いに一つの答えを得たのです。

ヘリンガーはその後、再び彼のワークショップの主催者を変更し、日本では三代目の主催者によって、二〇〇五年に再度ワークショップを開催しました。そのときもヘリンガーは私を招待してくださいました。残念ながらその年は、欠席せざる得ず、丁重なお詫びのメールを送りました。

そのメールにヘリンガーはこう返事をくれました。

「たとえ私のセミナーに来ることができないとしても、それでも君は、日本のファミリー・コンステレーションの道を切り開いた私の人々の一人だよ」と。

その日から十三年、そして事業名としてヘリンガー・インスティテュート・ジャパンの名称をいただいた二〇〇二年以来、私が思うコンステレーションという心理療法の価値と、ヘリンガーの名前に恥じない仕事をすることを自分の仕事の目標としてきました。最初のヘリンガーのワークショップ主催から十八年を経た今日、私の仕事の仕方は、私が恩恵を受けた、暗闇に光を灯してくれた、かつてのシステム論によるヘリンガーの仕事の方法とホーネン他、数々のヘリンガーが距離を置いた多くの先生たちの仕事の方法に則ったままです。

懸命に看板を守ってきたつもりでいましたが、現在のヘリンガーの仕事の方向性とは随分と距離ができている事実をようやく受け止め、「ヘリンガー・インスティテュート・ジャパン」の名称を手放す決断をしました。二〇一八年四月、ハラルドと私が見出した日本におけるシステム論によるコンステレーションの価値を、次の世代が継承してくれることを願って、事業名を「コンステレーションズ・ジャパン」へと変更しました。盲目の愛は過去に向かい、目覚めた愛は今を生き、生命への寄与を望みます。私が学んだそのことを、新しい名称に込めて伝えていこうと思うのです。

※※※

二〇一五年に『ファミリー・コンステレーション――隠された愛の調和（Love's Hidden Symmetry）』を翻訳し終え、出版までたどり着いて、ようやくホッとした直後に、コスモス・ライブラリーの大野社長から、書き下ろしの本を出版しませんかとお話をいただいて腰を抜かしそうになりました。翻訳を仕上げるまでにすでに三年を要していたのです。肩の荷を下ろしてようやく気が楽になった矢先でした。しかし、迷う暇はありませんでした。このような機会をいただくことは人生でもう二度とないことと思いました。けれど、果たして自分にコンステレーションを語ることができるのかと心の中で自分に問いかけると、正直なところ、そんなことは不可能な気がしました。けれど、ホーネンの功労を知ってもらうためなら何かができる気がしたのです。

『ファミリー・コンステレーション――隠された愛の調和』出版から間を置かずに書き上げることができたらよかったのですが、結局再び丸三年の年月を要しました。最初の二年間は、自分の頭の中に埋め込まれていた書くことについての無意識の制限、つまり「私ごときがこんなことを書いていいのか」という脳内に聞こえるささやき声との戦いでした。また、『ファミリー・コンステレーション――隠された愛の調和』刊行以後、仕事量が増えていたため、時間と体力のやりくりの三年間でもありました。

ホーネンのトレーニングの記録を文字に書き起こしてくれた川田文さん、坪田真彰さん、二人の労力があっての本書です。構成と見出しについて手助けをしてくれた豊洲牧子さん、私がどうしていいかわからなかった部分を補ってくれました。挿絵と図を描いてくれた中村加代子さん、細かい要求に懸命に応えてくれました。最終段階の誤字脱字発見と文章の点検では三人の力を借りました。小川幸子さん、ご自身のワークショップの疲れも取れないうちに全力を注いでくれました。私の文章の点検では常に補佐してくれている梶麻衣さん、坪田真彰さんは再度ここでも力を貸してくれました。それぞれにご多忙な中、時間を割いてくださった助力に深謝します。本当にありがとうございます。

ハラルドの教えを直接体感した一期生の皆さん、そして、これまでのトレーニングを共に体験してきた受講生の方々に感謝を捧げます。皆さんと一緒に経験してきたことの重要な点をすべて本書に注ぎました。

出版ということの願ってもいなかったお話と、そのお話をいただいてから刊行に至るまでの長い道のりに示してくださった大野社長の寛容なご配慮に心から感謝申し上げます。

また、先の翻訳本に引き続き、私の乏しい語彙力を補う丁寧なご指導と編集をしてくださった棟高光生さんにも心から感謝いたします。棟高さんが確認してくださると思うことで、どれほど勇気づけられていたことか、そのおかげで続けることができました。

ドイツ、オーストリア、イギリスの私が学んだ諸先生の教えと、関わってくださった皆さん全員の有形無形の助けがあったおかげで本書は生まれることができました。心から感謝申し上げます。

そしてハラルドに、遠いメキシコに住むハラルドに、本書を捧げます。

平成三十一年三月

小林真美

著者プロフィール

小林 真美（こばやし まみ）

コンステレーションズ・ジャパン®（旧ヘリンガー・インスティテュート・ジャパン）主宰。

二〇〇一年にヘリンガーの日本で最初のワークショップ（三回）を主催。ヘリンガー・インスティテュート・ジャパンを設立。十七年間の活動後、二〇一八年からは名称をコンステレーションズ・ジャパンに変更。二〇〇一年から十年余、ドイツでのインターナショナル・システミック・コンステレーション・インテンシブ受講。二〇〇三年、〇四年、〇六年には自身の研究成果をインテンシブにて発表。二〇〇四年ドイツ人セラピスト、ハラルド・ホーネンと共に第一期ファミリー・コンステレーション・トレーニングを開始。現在、トレーニングは十三期を迎えようとしている。二〇〇一年、二〇〇三年、二〇〇七年ドイツでのコンステレーション・コンファレンスに参加。二〇〇六年台湾でのアジア・コンファレンスで研究成果を発表。二〇〇八年ロシア、ウラディオストクで五日間のワークショップを開催。二〇〇九年、オーストリアで開催された国際システミック・コンステレーション協会会議出席。ここ数年は女子更生保護施設、男性の更生保護施設にて社会復帰の準備をする女性、男性へのカウンセリングに力を注ぐ。ワークショップ、トレーニング、個人セッション、経営者のためのコンサルテーション、カウンセリングを行っており、年間百ケース以上もの人々の悩みに対応している。次世代を担うファシリテーター育成に努めている。https://constellations-japan.com/

コンステレーションが教えてくれること

2019年5月9日　第1刷発行

発行所	(有)コスモス・ライブラリー
発行者	大野純一
	〒113-0033　東京都文京区本郷3-23-5　ハイシティ本郷204
	電話：03-3813-8726　Fax：03-5684-8705
	郵便振替：00110-1-112214
	E-mail：kosmos-aeon@tcn-catv.ne.jp
	http://www.kosmos-lby.com/
装幀	河村　誠
発売所	(株)星雲社
	〒112-0005　東京都文京区水道1-3-30
	電話：03-3868-3275　Fax：03-3868-6588
印刷／製本	シナノ印刷(株)

ISBN978-4-434-26022-3 C0011
定価はカバー等に表示してあります。

「コスモス・ライブラリー」のめざすもの

古代ギリシャのピュタゴラス学派にとって〈コスモス Kosmos〉とは、現代人が思い浮かべるようなたんなる物理的宇宙（cosmos）ではなく、物質から心および神にまで至る存在の全領域が豊かに織り込まれた〈全体〉を意味していた。が、物質還元主義の科学とそれが生み出した技術と対応した産業主義の急速な発達とともに、もっぱら五官に隷属するものだけが重視され、人間のかけがえのない一半を形づくる精神界は悲惨なまでに忘却されようとしている。しかし、自然の無限の浄化力と無尽蔵の資源という、ありえない仮定の上に営まれてきた産業主義は、いま社会主義経済も自由主義経済もともに、当然ながら深刻な環境破壊と精神・心の荒廃というつけを負わされ、それを克服する本当の意味で「持続可能な」社会のビジョンを提示できぬまま、立ちすくんでいるかに見える。

環境問題だけをとっても、真の解決には、科学技術的な取組みだけではなく、それを内面から支える新たな環境倫理の確立が急務であり、それには、環境・自然と人間との深い一体感、環境を破壊することは自分自身を破壊することにほかならないことを、観念ではなく実感として把握しうる精神性、真の宗教性、さらに言えば〈霊性〉が不可欠である。が、そうした深い内面的変容は、これまでごく限られた宗教者、覚者、賢者たちにおいて実現されるにとどまり、また文化や宗教の枠に阻まれて、人類全体の進路を決める大きな潮流をなすには至っていない。

「コスモス・ライブラリー」の創設には、東西・新旧の知恵の書の紹介を通じて、失われた〈コスモス〉の自覚を回復したい、様々な英知の合流した大きな潮流の形成に寄与したいという切実な願いがこめられている。そのような思いの実現は、いうまでもなく心ある読者の幅広い支援なしにはありえない。来るべき世紀に向け、破壊と暗黒ではなく、英知と洞察と深い慈愛に満ちた世界が実現されることを願って、「コスモス・ライブラリー」は読者とともに歩み続けたい。

夫婦、パートナーシップ、親子関係、家族の中に起きる不和、鬱や引きこもり、居場所のなさ、繰り返される事故や病気など、誰もが自分を責め、親を責め、自己を否定しながら苦しんでいる。
しかし、それらの悩みや苦しみが、機能していない愛に由来しているとしたら。愛を求め、愛を受け取ってもらいたいと願いながら、その愛を流れさせる方法を知らない私たちへ贈られた、愛を成就させるための解説書。

〈本書で取り上げられる主な事項〉

●愛が機能するために従う秩序とは●所属する意味●受け継がれるトラウマの影響●良心と善悪は無関係であること●善悪と無関係に作用する家族システムに備わる良心●順位と秩序、バランスの法則●中断された親へと向かう動きの後の影響●一人分の責任を負う●自分の場所で生きるとは●運命に頭を下げる